辽西夏金

的故事

【青少年彩图版】

◎主编 龚书铎 刘德麟

江苏人民出版社

图书在版编目（CIP）数据

辽·西夏·金的故事：青少年彩图版／龚书铎，刘德麟主编.——南京：江苏人民出版社，2013.1

（中国通史系列）

ISBN 978-7-214-09096-6

Ⅰ．①辽… Ⅱ．①龚… ②刘… Ⅲ．①中国历史－辽金时代－青年读物②中国历史－辽金时代－少年读物③中国历史－西夏－青年读物④中国历史－西夏－少年读物 Ⅳ．① K246.09

中国版本图书馆 CIP 数据核字（2013）第 007483 号

中国通史系列（青少年彩图版）

辽·西夏·金的故事

责 任 编 辑：汪意云

装 帧 设 计：日知图书（www.rzbook.com）

出 版 发 行：凤凰出版传媒股份有限公司

江苏人民出版社

出版社地址：南京市湖南路 1 号 A 楼

出版社网址：http://www.jspph.com

网　　店：http://jspph.taobao.com

经　　销：凤凰出版传媒股份有限公司

照　　排：江苏凤凰制版有限公司

印　　刷：北京威远印刷有限公司

开　　本：787mm×1092mm　1/16

印　　张：10

字　　数：200 千字

版　　次：2013 年 2 月第 1 版

印　　次：2014 年 1 月第 2 次印刷

书　　号：ISBN 978-7-214-09096-6

定　　价：22.00 元

以史为鉴，可以思接千载，视通万里，可以把握中国社会治乱兴替的内在规律，可以洞悉修齐治平的永恒智慧。然而，让人们全面深入地了解中国历史，掌握中国历史中所蕴含的深层次的东西，并不是一件容易的事。上下五千年之中，人物多，事件多，神话与传说并存，正史与野史交错，头绪繁多，内容庞杂。政治、经济、军事、中外交往、思想、文学、艺术等各方面的内容如果未经梳理就杂乱无章地堆积在一起，那么往往会使读者一头雾水。除了典籍史料所承载的历史之外，文物、遗址、古迹、艺术作品等等，也同样反映着历史的真实。如何把这些东西有机地组织在一起，让读者能够清晰明白地去了解历史，感受历史的真实，无疑成为编辑出版《中国通史》一书的缘起。

《中国通史》按照不同的历史分期，通过新的体例、模式来整合讲述中国历史，涵盖政治、经济、军事、中外交往、艺术、思想、科技、社会生活等方方面面，以时间为经，以人物和事件为纬，经纬交织，全面反映每一朝代治乱兴衰的全过程。每一个故事都蕴含了或高亢激昂或哀婉悲壮的场景，让人们重温那一段历史，不断唤起人们内心尘封已久的记忆，与中国历史再次进行亲密接触，深入地寻绎历史中所蕴藏的民族智慧，感悟民族精神。通过文字，可以感受历史镜像，而通过图片，则可以阅读图片中的历史。图片与文字相互映衬，可以立体地反映中国历史，展示中国历史文化的源远流长、博大精深，使读者深刻感受中国文化的底蕴，从而产生一种阅读上的震撼。

在中华民族伟大复兴的时刻，在讨论荣与辱的时候，阅读历史、了解历史、把握历史真实，其意义是显而易见的：历史是民族复兴的内在动力之所在，是何者为荣、何者为耻的感性事例的集中体现和理性判断的一个标尺。在不远的将来，阅读历史、了解历史会成为一种时尚，人们通过历史，可以感受到如何真正实现自我价值，寻找到寄托心灵的精神殿堂。

辽·西夏·金的故事

前言

目录

辽
西夏
金朝的故事

金 · 90

中国社会科学院近代史研究所·韩志远教授

公元907年~公元1125年

辽朝是中国历史上以契丹族为主体建立的王朝，都城上京临潢府（今内蒙古巴林左旗南），其创建者为耶律阿保机。

契丹族是中国古代北方地区的一个民族。历史文献上有关契丹族的确实记载，始于北魏登国四年（389）。其主要活动地区是在潢河（今西拉木伦河）一带，生活方式是逐水草迁徙的游牧、狩猎。唐朝初年，契丹八个部落组成部落联盟，有兵四万，接受唐朝统辖。唐朝衰落后，契丹族不断向外扩张，俘掠外族人口，实力大增。后梁贞明二年（916），契丹族首领耶律阿保机在龙化州（今内蒙古通辽八仙筒附近）称天皇帝，建元神册，国号契丹。神册三年（918），辽太祖耶律阿保机在潢河以北正式建都城，称为皇都（后改称上京）。随后，降服甘州回鹘，攻灭渤海国。大同元年（947），辽太宗灭亡后晋，改国号大辽。统和元年（983），辽圣宗耶律隆绪曾改国号契丹。辽道宗咸雍二年（1066），又恢复大辽国号。

辽朝共历九帝，前后凡200余年。其疆域东临北海、东海、黄海、渤海，西至金山（今阿尔泰山）、流沙（今新疆白龙堆沙漠），北至克鲁伦河、鄂尔昆河、色楞格河流域，东北迄外兴安岭南麓，南接山西北部、河北白沟河及今甘肃北界。

辽朝采用"因俗而治"的统治制度，其特点是根据不同地域，各民族不同的发展水平，而制定独特的统治制度。其内容包括有部族制、奴隶制、渤海制和汉族封建制，采用南、北两套官制进行管理。"官分南、北，以国制治契丹，以汉制待汉人"（《辽史·百官志》）。"国制"是指契丹官制，统称北面官，汉制官职统称南面官。南、北面官的称谓，与契丹习俗有密切关系。"辽俗东向而尚左"，因此，辽朝皇帝的宫帐都坐西朝东，文武百官的牙帐（官署）分列宫帐两旁。辽朝尚左，皇帝的左面即北面官署。因此，北面官地位优于南面官。北、南两面官的区别还在于管理的范围不同。"北面治宫帐、部族、属国之政，南面治汉州县、租赋、军马之事"（《辽史·百官志》）。

北面官主要管理北面的契丹人和其他游牧民族，南面官主管南面从事农业经济的汉族等。北面官制是在契丹氏族部落制基础上发展来的一套官制。因此，北面官职多保留部落联盟制的痕迹。如大于越府、北南大王院、北南宣徽院、大内惕隐司、大国舅司、大林牙院、敌烈麻都司等机构。辽南面官制实际上是从中原王朝移植过来的制度。最初，辽太祖仿唐制在中央设立三省，但是当时还未完全具备后来南面官三省的职能。朝中另设汉儿司，主管汉人事务，官员为总知汉儿司事，由汉族大臣担任。辽朝得燕云十六州后，对中原制度进一步吸收，汉制逐渐完备。

辽朝社会经济的发展经过几个不同的阶段，前期由于国力主要用于向外扩张，采取奴隶制的掠夺式经济，使辽初经济发展较为缓慢，甚至对某些地区经济造成破坏。直到辽圣宗时期，辽朝的经济才有一个较大的发展，这无疑是封建化改革的结果。辽朝统治者管理经济的办法与政治制度相同，也采取"因俗而治"的方针。由于这一方针适应当时社会经济的发展，因此北方社会经济在这一时期处于上升阶段。从生产性质划分，辽朝经济大体可划分为三大区域：渔猎区、牧区和农区。以渔猎为基本生产方式的是居住在潢河、土河之间的契丹族以及东北部女真等族；以畜牧业为基本生产方式的是北方草原各民族；以农业为主要生产方式的是南部地区的汉族以及东部渤海人。三个地区的社会组织形态被纳入一个统一的政体之内，加速了相互之间的交流，推动了辽代经济向高层次的发展。早已进入封建门坎的南部汉族地区经济，在辽代起主导作用，带动着北边地区，使牧区、渔猎区在不同的基础上，以不同的步伐向封建经济过渡。

辽朝的文化发展及其成就，主要体现在天文历法、医学和建筑方面。辽朝历法不仅吸收了中原汉族历法的优点，而且在许多方面体现了契丹民族特色。辽朝的医学成就也很显著，其针灸、切脉诊法、妇产医科、尸体防腐等技术都具有较高水平。辽朝名医直鲁古所著《针灸脉诀书》，在当时很有影响。辽朝的建筑受唐代建筑的影响，并糅合契丹尚东之俗而形成自己的风格。辽朝主要通行的文字是契丹文和汉文。

保大五年（1125），辽天祚帝被金军俘虏，辽亡。金天会九年（1131），原辽朝大臣耶律大石在楚河流域重建国家，仍沿用辽国号，史称西辽。

契丹的兴起

❖ 时间：4世纪末～9世纪中

契丹是中国北方的古老民族之一。它源出于鲜卑，是鲜卑宇文部的一支。早在4世纪，中国史书上就有关于契丹历史的记载。契丹人当时过着渔猎和畜牧的氏族部落生活，分散在潢河（今内蒙古西拉木伦河）和土河（今内蒙古老哈河）一带，即今辽宁和内蒙古自治区的广大地区。

契丹的发展壮大

契丹人居住在帐篷里，居无定所，逐水草往来迁徙，过着游牧生活。从南北朝到隋朝，契丹先后受柔然、突厥等族的控制，但是他们同中原的汉族封建王朝，一直有政治和经济上的联系。契丹各部以名马和毛皮奉献给中原王朝，通过朝贡，发生经济上的往来，为各部落的成长造成有利的条件。

在4世纪末的北魏时期，契丹就有8个部落，各部独立地进行生产活动，互不联系。到了隋初，北方的突厥奴隶主贵族，在东起幽州、西达河西一带的广大地区，不断地进行扰乱。隋朝发重兵打败突厥，突厥分裂为东西两个系统。东突厥仍然控制着契丹、室韦、吐谷浑、高昌等广大地区。隋末唐初，东突厥奴隶主贵族在奴役契丹、奚、室韦等族的同时，还不断掠夺汉族人民为奴隶。

出于自卫的需要，契丹各部逐渐在军事上联合在一起。唐初，契丹各部推举共同的军事首领，称为"夷离堇"。每遇战斗，就召集各部首领共同商议，协

● **鎏金龙纹马笼头饰·辽**

在契丹早期墓葬中，常见以马为殉葬品。到了后来，出于对战马的爱惜，逐渐用马具来代替马殉葬。这幅马笼头饰，上饰行龙戏珠，纹饰精美。

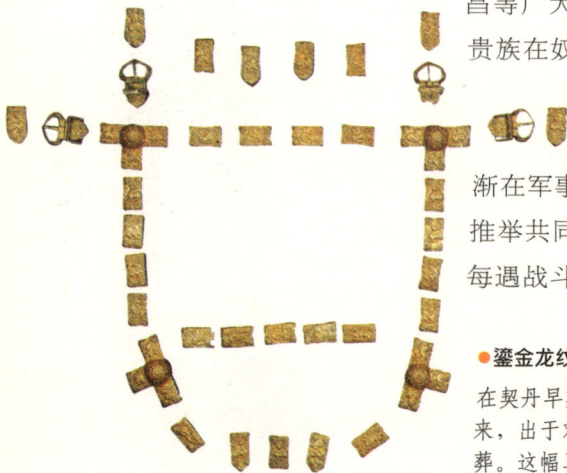

●**契丹人引马图·辽·壁画**

内蒙古昭盟敖汉旗出土，牵马者披髡发，执棍，棍上有铁环，着长袍，长毡靴，马扬后右蹄。右一人戴黑色帽，着长袍，长靴，尖头朝上，两足同时向左，似在移步，击长鼓而舞。整个画面构图丰富，形态逼真，技法娴熟，是研究辽代风俗、服饰和马具的珍贵资料。

同作战。契丹族开始出现了部落联盟的组织。

　　7世纪唐太宗贞观年间，东突厥衰落下去，契丹摆脱了它的控制，转向南方的唐朝。这时，契丹八部开始组成新的部落联盟——大贺氏联盟。大贺氏联盟与唐朝建立了隶属关系。648年，唐朝在契丹人居住的地区设置行政管理机构，叫做松漠都督府，以契丹部落联盟的首领窟哥为都督，并赐姓李，下设10个州，都用契丹各部落的首领担任各州的刺史。从此，契丹和中原汉族人民的关系也就更加密切。唐太宗又在奚人居住的地区，设置饶乐都督府，也任用奚族首领为都督。以上两个都督府，都受营州都督府节制。

　　唐朝武则天统治时期，契丹族部落联盟有了较快的发展。契丹和唐朝之间，时常发生矛盾。唐朝曾派二十八将，率领大军袭击契丹，大败而归，说明契丹已有足够的力量保卫他们自己。但是契丹族还没有形成一个统一的共同体。唐玄宗开元三年（715），契丹部落联盟首领失活率各部归附唐朝。当时唐朝的国势强大，北边突厥的势力日益衰落。唐玄宗依照先例，封失活为松漠都督。开元五年

（717），失活到长安朝见唐玄宗，唐玄宗把永乐公主嫁给失活。这说明唐朝积极地要同契丹和好相处，建立更为密切的关系。这就大大有利于契丹族和汉族友好关系的发展。开元十八年（730），大贺联盟的首领邵固被杀，联盟瓦解。百余年后，辽太祖耶律阿保机的先祖雅里重建部落联盟，首领从遥辇氏中产生，故称遥辇氏联盟。

契丹迭剌部的兴起

在契丹族的发展史上，虽然长时期地受到突厥和后来回纥的统治，但与南方中原地区的联系始终没有间断。安史之乱以后，从757年到839年的80多年间，契丹首领经常到唐朝来"朝贡"，这就是契丹和汉族保持经济和政治联系的一种形式。一直到840年回纥汗国被推翻之后，契丹部落联盟才重新归附于唐朝。此后的60年间，契丹族由于摆脱了回纥的统治，使他们在与中原联系的不断加强中，得到较为顺利的发展。唐末，由于中原地区的封建割据斗争，北方汉族军民为了逃避战乱，成群结队移居到契丹人生活的地区，每次迁移，多达几千人。汉人把中原地区的生产工具、生产技术带到北方和东北边疆，与契丹人民共同进行艰苦的生产劳动。到了契丹迭剌部耶律阿保机的祖父匀德实担任夷离堇时，已经开始"教民稼穑，善畜牧，国以殷富"。契丹人民除了畜牧以外，已从事农业生产。匀德实的儿子撒剌的担任夷离堇时，契丹人民已学会冶铁，铸造铁器。撒剌的的兄弟述澜，引导契丹人民栽种桑麻，从事纺织；并修造房舍，建筑城邑。这些情况表明，在耶律阿保机的

●鹿纹鎏金银座鞦·辽

契丹早期墓葬中，以杀马殉葬为多。为了保护战马，辽圣宗下诏禁止，契丹贵族逐渐以马具代替杀马殉葬。赤峰市大营子辽驸马赠卫国王墓出土。该墓出土马具的种类和数量以及华丽精美的程度，都是极其罕见的。

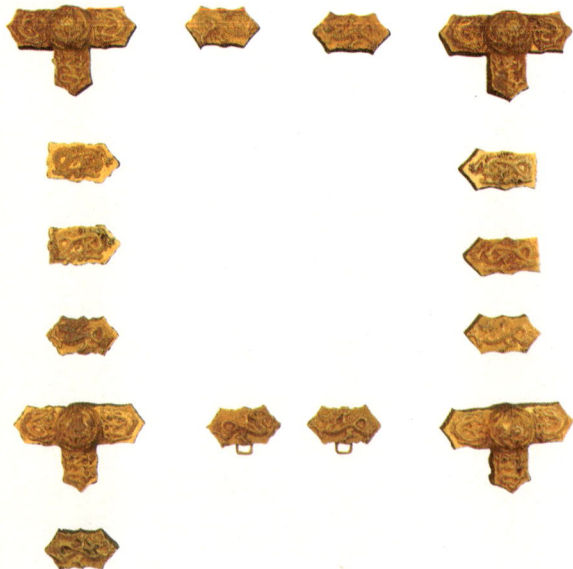

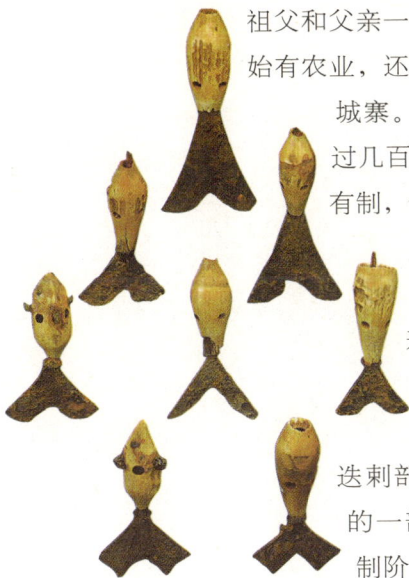

祖父和父亲一辈，契丹人民在生产方面，不但开始有农业，还有冶铁和纺织等手工业，有房舍和城寨。契丹社会从4世纪到10世纪初，经过几百年的时间，才从氏族制进入奴隶占有制，使契丹社会有了新的飞跃。

唐末五代时期，勤劳的契丹族人民在生产发展的基础上强大起来了。契丹八部之一的迭剌部接近中原地区，汉族人民流入契丹地区的，多数也是进入迭剌部，使迭剌部成为契丹部落联盟中生产最先进的一部。9世纪时，契丹各部还在氏族制阶段，迭剌部已经出现阶级分化。加上汉族的影响，使迭剌部最先产生奴隶占有制。

正是在这个历史大变动时期，迭剌部造就了一位英雄人物，名叫耶律阿保机。他于872年出生在迭剌部属下的耶律氏，是撒剌的的儿子。当时迭剌部是契丹部落联盟中最强大的一部。

●鸣镝·辽

据《史记》记载，鸣镝为匈奴冒顿单于发明。鸣镝就是响箭，它射出时箭头能发出响声，具有攻击和报警的作用。

延伸阅读　契丹的部族

契丹人的始祖奇首可汗共有八子，形成了契丹的古八部，它们分别是：悉万丹部、何大何部、伏弗郁部、羽陵部、日连部、匹絜部、黎部和吐六于部。到了隋代，随着契丹部族的发展壮大，分为十部。唐太宗时，形成了大贺氏八部，分别为：达稽部、纥便部、独活部、芬问部、突便部、芮奚部、坠斤部和伏部。唐开元、天宝年间，大贺氏开始衰微，遥辇氏登上了契丹的舞台，逐渐形成了遥辇氏八部：旦利皆部、乙室活部、实活部、纳尾部、频没部、纳会鸡部、集解部和奚嗢部。到辽太祖时，契丹实有部族十八部：五院部、六院部、乙室部、品部、楮特部、乌隗部、涅剌部、突吕不室韦部、突举部、奚王府六部、突吕不室韦部、涅剌拏古部、迭剌迭达部、乙室奥隗部、楮特奥隗部、品达鲁虢部、乌古涅剌部和图鲁部。到了辽圣宗时，其间部族的发展壮大到了顶峰，户口蕃息，共有三十部之多，分别为：撒里葛部、窈爪部、耨碗爪部、讹仆括部、特里特勉部、稍瓦部、曷术部、遥里部、德伯部、楚里部、奥里部、南克部、北克部、隗衍突厥部、奥衍突厥部等部。

辽太祖耶律阿保机

❖ 时间：872~926

阿保机（872~926）全名是耶律阿保机，也就是辽太祖，小名啜里只，汉名亿。阿保机对于契丹民族的发展起到了极其重要的作用，被视为契丹族的民族英雄。他以超群的谋略和卓越的政治军事才能，完成了中国北方地区的统一，为北方少数民族的发展作出了重大贡献。

少年勇将

阿保机被称为迭剌部耶律氏家族的英雄。在他出生时，契丹的贵族阶层正在为争夺联盟首领之位而打得不可开交。阿保机的祖父匀德实在残酷的政治斗争中被杀，父亲和叔叔伯伯们也逃离出去，躲了起来。祖母对于这时出生的阿保机非常喜爱，但又担心他被仇人加害，因此常将他藏在别处的帐内，不让他见外人。

阿保机长大成人后，身体魁梧健壮，胸怀大志，而且武功高强，《辽史》上说他"身长九尺，丰上锐下，目光射人，关弓三百斤"，他带领侍卫亲军曾多次立下战功，显露出过人的才干。

功绩卓著

在遥辇氏联盟后期，阿保机被推为迭剌部的夷离堇时，遥辇氏的最后一个可汗痕德堇也同时成为联盟的可汗。这时的阿保机只有30岁，手中掌握了联盟的军事大权，专门负责四处征战。这又为阿保机建立军功，树立威信和权威创造了有利条件。他充分利用本部落的实力四处征伐，接连攻破室韦和奚人等部落，同时南下进攻掠夺汉族聚居地区，俘获一些汉人和大量的牲畜和粮食，使本部落的实力大增。阿保机的伯父被杀后，阿保机继承了伯父的于越（地位仅次于可汗，史称"总知军国事"，高于夷离堇，掌握联盟的军事和行政事务，相当于中原王朝的宰相）的职位，独掌部落联盟的军政大权，地位仅次于可汗。到朱温灭

● 错金银铁矛·辽

矛长39厘米，宽6.2厘米。

唐建立后梁的那一年（907），阿保机也取代了痕德堇可汗，当上了联盟的可汗。

由于汉人谋士经常说，中原的帝王从来不改选，这使阿保机不再愿意遵从旧的制度，所以从他就任可汗之日起，阿保机就把目标瞄准了在契丹建立帝制。为此，他主要做了两方面的工作：一是对内加强权力控制，二是对外进行扩张，进一步增强本部落的实力，树立更大的权威。

在对内方面，阿保机首先建立了自己的侍卫亲军，即"腹心部"，从武力方面保护自己的权力，并派亲信族兄弟耶律曷鲁、妻族的萧敌鲁等人任侍卫亲军的首领。其次，为使自己取代遥辇氏做可汗的事实合法化，阿保机让本族成为第十帐，位于遥辇九可汗族人之后。阿保机还设立了专门管理皇族事务的宗正官，即惕隐，以稳定家族的内部团结。除了重用本族人之外，阿保机还重用妻子述律氏家族的人，因为他们对他的地位稳固起了很大作用。

为取得更多的财富，扩张势力，树立权威，阿保机积极地四处征讨。他连续出兵，先后征服了吐谷浑、室韦、乌古等部落，而且向南边的幽州和东边的辽东进攻。当上可汗的第二年，他率领40万军队大举南下，越过长城，掠夺河东等地，攻下九郡，俘获汉人9万多，还有无数的牛马牲畜。然后他又出兵讨伐女真，俘其300户。阿保机还曾领兵7万与李克用在云州（今山西大同）会盟，和李克用互换战袍和战马，并互赠马匹、金缯等物，结为兄弟，约好一同进攻幽州的刘仁恭。随后，阿保机又在讨伐刘仁恭时攻陷数州，尽掠其民而归。这些通过战争掠夺来的财物，被视为阿保机耶律家族的财产，因而其家族的经济实力大大超过了其他家族。

●**金链白玉竹节盒·辽**

阿保机掠夺来的这些人中包括一些汉族知识分子，他们当中的代表如韩延徽、卢文进、韩知古等对阿保机的政权巩固，特别是对他称帝建立契丹起了重要的作用。同时，他们还帮助阿保机建立了各种政治制度，教他如何利用汉人从事生产，促进经济的发展。中原帝王的世袭制度对阿保机吸引力很大，再加上在对外战

●辽中京遗址

位于内蒙古赤峰市宁城县铁匠营乡。辽宋澶渊之盟后，契丹为便于与中原交往，遂利用北宋每年所纳岁币，征集燕云地区迁来的汉族工匠，在1007年兴筑规模宏大的陪都——中京大定府城。城址遗迹除东南角被老哈河冲毁外，部分城墙残高仍达4米。城址现存大塔、小塔、半截塔、石狮、龟趺等文物。

争的过程中，阿保机又升为于越，兼夷离堇，权势仅次于可汗，离他称帝建国只有一步之遥了。各部落对痕德堇非常不满，他平庸无能，治理无方，马被饿死，领兵出征经常失利，满足不了贵族们征战掠夺财富的欲望。相比之下阿保机就要强很多了。于是，阿保机利用这个大好时机，遵照合法的传统制度举行可汗的改选仪式，终于凭借自己的威望得到了可汗的宝座。此后，他继续领兵四处征伐，使契丹的领土扩张到现在中国长城以北的大部地区。

🌿 诸弟之乱 ....

　　阿保机兄弟们的叛乱一共有三次。

第一次在911年，这年的五月，剌葛、迭剌、寅底石、安端策划谋反，安端的妻子得知后就报告了阿保机。阿保机不忍心杀掉这些兄弟，就和他们登山杀牲对天盟誓，然后赦免了他们。兄弟们并没有领情，第二年，又在于越辖底的带领下，再次反叛。除了原来的几个人外，新任命的惕隐滑哥也参加了。这年的七月，阿保机征伐术不姑部，让剌葛领兵攻打平州（今河北卢龙）。到十月时，剌葛攻陷了平州，领兵阻挡阿保机的归路，想强迫他参加可汗的改选大会。阿保机没有硬拼，而是领兵南下，按照传统习惯赶在他们的前面举行了烧柴告天的仪式，即"燔柴礼"，再次任可汗。

这样就证明他已经合法地连任，使众兄弟没有了反叛的根据。阿保机兵不血刃地平息了一场叛乱，体现了他超群的智谋。第二天，诸兄弟便纷纷派人来向阿保机请罪，阿保机也不再追究，只令他们悔过自新。但是，可汗宝座的诱惑究竟比兄弟之情要大很多，兄弟们在不到半年之后，于913年的三月，又一次反叛。这次发生了较大规模的武装冲突。他们先商议好拥立刺葛为新可汗，然后派迭刺和安端假装去朝见阿保机，想伺机劫持阿保机去参加他们已经准备好的可汗改选大会。除了本部落外，乙室部落的贵族也参加进来。阿保机发觉了他们的阴谋，解决了迭刺和安端，并收编了他们的1000名骑兵，然后亲自率领部队追剿刺葛。刺葛派的另一支部队在寅底石的率领下直扑阿保机的行宫，焚毁了辎重、庐帐，还夺走了可汗权力的象征旗鼓和祖先的神帐。阿保机的妻子看守大帐，领兵拼死抵抗，等到援军来后又派人追赶，但仅追回旗鼓。四月，阿保机领兵北上追击刺葛，他先派人分别在前面埋伏堵截，前后夹攻。这一次，侍卫亲军发挥了重要作用，最终将刺葛打败，刺葛将夺去的神帐丢在了路上。阿保机没有立即追击，而是先休整部队，因为他知道刺葛的部下不久便会思念家乡，等到士气低落无心恋战时再出兵，就会不战而胜。到五月，阿保机领兵进击，终于擒获刺葛。经过三次平叛，阿保机基本消灭了本家族的反对势力，但对部落的经济却造成了很大的破坏。民间原有马上万匹，现在百姓出门都要步行了。

🌿 平定诸部

本部落的反对势力消除后，契丹其他七个部落的反对势力仍旧存在，他们以恢复旧的可汗选举制度为旗号，强迫阿保机退让可汗之位。阿保机只好先交出旗鼓，答应退位，然后以退为进，设下了计谋。他对众人说："我在可汗

● **女仆托盘铜烛台·辽**

这件铜烛台构思奇特而别致：在叶形三足上顶一镂空铜球，其上为水波中升起的龙柱，上托仰莲，内半跪一女仆，高发髻，身穿圆领长袍，双手托起一盘，内有烛托，这是一件艺术价值很高的辽代生活用品。

●辽太祖陵

位于内蒙古赤峰市巴林左旗，为辽代的开国皇帝耶律阿保机的陵寝。陵墓借鉴了唐代帝陵的风格，依山而凿。陵前山谷两侧山峰如阙，称黑龙门。山间谷道幽深，风景优美，气势雄浑。

之位九年，下属有很多汉人，我想自己领一部治理汉城，可以吗？”众人都同意了。到了那里，阿保机率领汉人耕种，当地有盐池、铁矿，经济也很发达。阿保机采纳了妻子述律后的计策，派人转告诸部落的首领：“我有盐池，经常供给各部落，但大家只知道吃盐方便，却不知盐池也有主人，你们应该来犒劳我和部下。”众人觉得有理，便带着牛和酒来了，没想到中了阿保机的诡计。阿保机布下伏兵，等大家喝得烂醉时，将各部落的首领全部杀死。

阿保机称帝改制

916年，阿保机在临潢府（今内蒙古赤峰市巴林左旗附近）当了皇帝，称为“大圣大明天皇帝”，他的妻子称为“应天大明地皇后”，他的儿子耶律倍被立为太子，年号叫“神册”，一个新的奴隶制王朝诞生了。

阿保机在这个新成立的王朝里，进行了一系列的改革。他派人创造了契丹文字，制定了法律；对那些在契丹统治下的汉族人民，仍旧依照汉族的法律治理。他还模仿汉族的城市，在潢河（今西拉木伦河）沿岸建造京城，称为上京。此外，阿保机还采取了一些发展农业和商业的措施。这些做法在当时都是有进步意义的。

阿保机称帝建制，是契丹历史上一件了不起的事情。从此，契丹进

入了一个新的历史时期。契丹建立政权以后，阿保机不断向周围各族进行大规模的侵略。那时候，中原地区正处于五代十国统治时期，群雄割据，不断混战。阿保机利用这个机会，侵入河北东北部，攻占了许多州县。接着，他又消灭了辽河流域一带的渤海政权，统一了大漠南北和东北广大地区。他领导的契丹，成为当时中国北方的一个强大的地方政权。

后来，到了辽太宗大同元年（947），契丹改国号为辽，就是历史上的辽朝，阿保机就是辽太祖。阿保机建元称帝，对契丹族，他虽然仍旧以游牧部族首领身份出现，但在契丹族之外，他却要施展自己作为封建帝王的政治抱负。修建一个汉化的都城——皇都，与其说是为了统治契丹部族的需要，还不如说是为了征服渤海并进而把他的势力一直扩展到中原。为此，他非常需要有这样一个都城。没有都城，没有一个汉化的统治中心，怎么实现对这些地方的统治呢？

神册三年（918）二月，他下令修建皇都——即后来的辽上京，以汉臣、礼部尚书康默记充"版筑使"，工程经百余日而告竣。于是，一座宏伟的都城在今内蒙古巴林左旗林东镇南方出现了。天显元年（926）平渤海，阿保机又进一步扩展皇都郛郭，并修建了开皇、安德、五鸾三大殿。其中供奉历代帝王画像，每月朔、望及节辰、忌日，在京文武百官皆致祭奠。契丹王朝正是以此表明它是历代封建王朝的继承者。城内东南隅建天雄寺一座，内有阿保机之父（后被追尊为德祖宣简皇帝）的遗像。

延伸阅读　佐命功臣韩延徽

韩延徽（882～959），字藏明，辽幽州安次（今属河北）人。早年为后唐节度使刘守光幕僚，奉命出使契丹，被辽太祖耶律阿保机留用，任参军事，为阿保机进攻党项、室韦，征服诸部落进行了筹划。他还建议阿保机筑城郭，发展农业，以稳定其对所属汉人的统治。久居契丹，他思乡心切，就逃归后唐省亲。不久又返回契丹，阿保机赐给他匣列（辽语"复来"之意）的名字。随即任命他为守政事令、崇文馆大学士，内外大事都让他参与决策。阿保机天赞四年（925），韩延徽随驾征讨渤海，因军功被任为左仆射。辽太宗耶律德光时，被封为鲁国公，仍任守政事令。辽世宗耶律阮时，升任南府宰相。辽穆宗耶律璟时辞官。辽穆宗应历九年（959）卒，赐尚书令。除韩延徽之外，尚有韩知古，是较早进入草原的汉人之一，后来受到阿保机的重用。契丹建国之初，对汉地礼仪所知甚少，韩知古参酌汉礼，因俗制仪，可以说他是将汉地礼仪介绍到草原和制定辽朝礼制的第一人，因此也成为辽太祖佐命功臣之一。

辽

03 辽灭室韦定渤海

◈ 时间：904～926

唐时，在契丹的西北边居住着室韦。该族最西一部即呼伦湖西南的乌素固部，与回鹘接界。由此向东，依次为移塞没部、塞曷支部、黑车子室韦部、乌罗护部，再往东即是"那礼部"。"那礼"即阿保机的祖先泥礼。契丹人同室韦人在语言、风俗等方面十分相近。

攻灭室韦

回鹘强大时，黑车子室韦与达靼一同受其役属。唐末，回鹘散亡，黑车子室韦则南徙至幽、并近塞地区，依靠当地的割据势力抗衡契丹。天复四年（904）九月，尚未即汗位的阿保机曾率军讨黑车子室韦，卢龙节度使刘仁恭发兵数万，派其养子赵霸率领前来救援。赵霸至武州（今河北宣化），为阿保机伏兵擒获，其众大半被歼。次年七月，阿保机再讨黑车子室韦，与河东军阀李克用在云州会盟，易袍马，约为兄弟。及即位，又在907年二月、十月及次年五月、十月多次征伐黑车子室韦。

契丹因伐黑车子室韦而同刘仁恭交兵，同时完全征服了另外一些同它语言、风俗相近的部族。这样，它的势力范围就大大向西南扩展了一步。神册元年（916）阿保机称帝后，又继续向西南方向发展。这一年的七月，他亲征突阙、吐浑、党项、小蕃及沙陀诸部，

皆平之。神册四年（919）征乌古部，俘获人口一万四千二百多，牛马、车乘、庐帐、器物二十余万，乌古被迫举部来降。次年八月，阿保机又亲征党项诸部。天赞三年（924）六月，他又大举征吐浑、党项、阻卜等部，率军至古回鹘城，获甘州回鹘都督毕离遏，遣使诏谕其主乌母主可汗，可汗遣使贡谢。这样，契丹的势力就达到了西北广大地区。这不仅使他们免除了以后东征、南下的后顾之忧，更重要的是扩大了契丹王朝的疆域，获得西北许多部族首领长时期的效忠，直至辽末，契丹还能够依靠这些部族抗衡女真，建立西辽政权。

平定渤海

唐代武后时，粟末靺鞨部首领大祚荣乘契丹李尽忠反唐，率部东迁，在今东北东部地区建立了一个地方两千里的震国。开元元年（713），唐以大祚荣为渤海郡王，故这一政权又称渤海国。

阿保机的契丹王朝崛起之后，东北西部诸部族先后被征服，于是，其东即以渤海为邻。天赞三年（924），渤海攻掠契丹辽州，杀刺史张秀实，并掠走居民。于是，阿保机正好以此作为进攻的口实。然而，他必欲灭亡渤海的原因却更为深刻得多：当时，他的主要目标是南下中原，但惧渤海从背后发动攻击，故必欲灭之而后已。在西讨与东征问题上，他显然是选择了先易后难的策略。渤海攻辽州之时，他正准备出师西讨。他命长子耶律倍留守皇都，耶律倍向他陈述了攻灭渤海的主张，于是，灭亡渤海的方针就确定下来了。但是，他的全盘计划丝毫不受渤海寻衅滋事的干扰，仍按既定部署率部西讨。

西征获胜后，天赞四年（925）十二月，阿保机下诏称，他耿耿于怀的两件事，其中之一——西征已经完毕，"惟渤海世仇未雪"，使他寝不安席。于是以青牛白马祭天地，率部征渤海。从征的有其长子耶律倍及次子大元帅耶律德光，还有赵思温、康默记、韩知古、韩延徽等汉臣及他们统领的汉军。天显元年（926）正月，阿保机指挥大军攻克渤海都城上京龙泉府（今黑龙江宁安县东京城），渤海国国王出降。阿保机接受他投降后，仍放他回到城内，然后诏谕各郡县。但是，渤海国国王被放回后，却又负隅顽抗。当契丹将领康末怛等入城收缴兵器时，竟被渤海巡逻士卒杀害，而渤海国国王本人则躲在宫中任其下属所为。在这种情况下，契丹军再度攻城。

城破后，渤海国国王向阿保机请罪，被扣留在军中。在征服渤海之后，阿保机选择了耶律倍作为这一地区的统治者：改渤海为东丹（即东契丹），以耶律倍为东丹王。耶律倍在这里继续维持渤海国原来的政治、经济制度不变，仍用"汉法"治理这一地区。

● 辽太祖陵门——黑龙门

功列第一耶律曷鲁

耶律曷鲁（872～918），字控温，又字洪隐，是辽太祖耶律阿保机的族兄弟，在阿保机的功臣中位列第一。他和阿保机同岁，两人自幼便形影不离，交情极好。阿保机对耶律曷鲁十分器重，军机大事都向他请教。耶律曷鲁谋略过人，也很有军事指挥才能，他在阿保机的东征西伐中，屡建战功。

🍃 辅佐得力

901年，阿保机当时是迭剌部的夷离堇，领兵征讨奚部，久攻不下，很是着急，于是派耶律曷鲁带箭前去劝降。耶律曷鲁到了之后被抓了起来，他毫无惧色，劝首领道："契丹和你们奚人语言相通，文化和习俗相近，实际如同一个国家，对你们怎么会有凌辱欺侮之心呢？汉人杀了你们的首领，我们的首领夷离堇也很痛恨汉人，日夜不忘为你们复仇，但又担心势单力薄，才派我来你们这里求援。我们的夷离堇受命于天，以恩德领导百姓，才有今天的强大势力。你们今天杀了我，便违背了天意，将有大祸临头了。刀兵相向，战火连绵，对你们有什么好处呢？"

奚部首领听了，深以为然，率众归顺了阿保机。

903年，契丹族的于越被反对派杀死，阿保机的处境也很危险，耶律曷鲁不离左右地保护他，以防意外。后来，阿保机当上了于越，独揽军政权力。阿保机想让耶律曷鲁做迭剌部的夷离堇，被他谢绝，他想留在阿保机身边继续做他的侍卫。907年，痕德堇可汗病故，阿保机的部下们都一致推举他做联盟的可汗，耶律曷鲁便是这些人的中坚，最为积极。他为了使阿保机能达到目

● 玉雕孔雀·辽

长5.5厘米，器物雕琢孔雀开屏，雕工精湛，神态逼真生动，是典型的具有代表性的辽代工艺品。

的，想尽各种办法，如人心、天意、祖宗等方面，都找充足的理由说服阿保机付诸行动，阿保机终于如愿以偿。

劝进有功

阿保机做了可汗，又开始向帝制迈进。阿保机为了加强自己心腹力量，组织了属于他个人私有的军队，即腹心部，共有2000人，腹心部的统帅便是他极为信任的耶律曷鲁。从911年到913年，阿保机的兄弟们为了权位，和他之间发生了几次战争。耶律曷鲁等人竭尽全力来支持阿保机，为阿保机战胜其兄弟们立下了汗马功劳。

阿保机在和其兄弟们的争斗过程中认识到迭刺部的关键作用，于是便派耶律曷鲁去做迭刺部的首领。到了916年，耶律曷鲁认为阿保机称帝的时机已经完全成熟了，于是，劝说阿保机称帝建制。阿保机称帝后，封给耶律曷鲁于越之职，尊号"阿鲁敦于越"，即盛名的于越，当时有这种称号的只有他一个人。

契丹建国后，耶律曷鲁知道政权巩固的关键仍然是迭刺部，于是建议阿保机将迭刺部分成两个，削弱其力量。在耶律曷鲁病重时，还不忘向前来探望他的阿保机说及此事。他死后不久，阿保机便采纳了他的意见，将迭刺部分成了五院和六院。

在阿保机四处征战和称帝建国的过程中，耶律曷鲁的作用是很难有其他人可以代替的，他是阿保机的重臣和忠臣，但在阿保机建成都城宴请群臣时，47岁的他却不幸病故。阿保机听到噩耗，伤心地说："他如果能再辅佐我三五年，我还能有更大的建树。"耶律曷鲁下葬后，阿保机又给他的墓赐名"宴答"，意思是盟友或者兄弟。

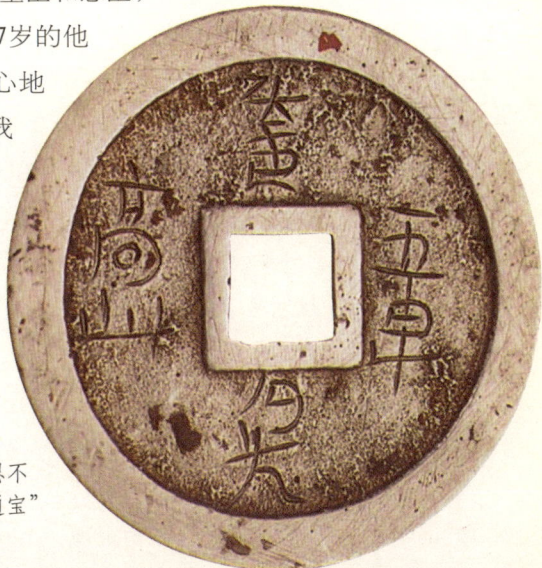

● **契丹大字银币·辽**
这枚银币的契丹文字上下左右顺读，其意思不一样，一般解释为"天朝万顺"、"天禄通宝"或"千钱直万"等。

05 狼心断腕的述律后

❈ 时间：879～953

述律后即耶律阿保机的皇后，名月理朵，汉名平。阿保机称帝时封她为应天大明地皇后。到辽太宗时又尊为应天皇太后，死于辽穆宗应历三年（953），终年75岁。阿保机死后，她利用契丹殉葬的民俗，打击异己大臣，自己也被迫搭进去一只手，所以历史上又称她为断腕太后。

🍃 鼎力相夫

述律氏家族起源于回鹘，述律后的曾祖魏宁做过舍利（一种为契丹贵族中勇猛但没有官职的子弟设的称号），祖父慎思，做过皇家总管梅里，父亲月椀也做过梅里。月椀和阿保机的姑姑结婚，生下月理朵。

月理朵长大之后，便和舅舅撒剌的儿子阿保机结了婚。她非常有智谋，还能领兵作战。阿保机遇事时常向她征求意见。在民间传说中也有关于她的故事：有一次，月理朵来到辽水和土河的交汇处，见一个乘着青牛车的女子迎面走来。但一看见她，却赶忙躲开了。据说，这个女子就是地神。为此还有一句童谣："青牛妪，曾避路。"神话故事和童谣传开以后，月理朵便成了地神的化身，这使她在当时信仰神灵的契丹社会中更充满了神秘感，无形中增加了她的个人威信。

对于阿保机的事业，她倾注了全部精力。其中之一就是为阿保机尽力发现并保举人才，汉人韩延徽就是一个很突出的例子。正是由于她的极力推荐，才使阿保机有了一个很得力的谋士、助手。在阿保机领兵四处征讨的时候，述律后便坚守大本营，使阿保机在前线能集中精力，不致分心。在平定诸弟叛乱的过程中她也起了关键性的作用，正是她派兵追击攻打大帐掠走神帐和旗鼓的叛军，夺回了象征可汗权力的旗鼓。在她的影响下，她的族兄弟们也大力支持阿保机，她的兄长敌鲁和弟弟阿古只等一些人对阿保机全力支持，在阿保机对其他人的政治斗争中起了不可估量的作用。因为佐助有功，阿保机也提高了妻子述律家族的地位和权力。阿保机妻族的地位仅次于皇族。

等到阿保机终于战胜所有的对手顺利登上皇位时，月理朵也自然地当上了皇后。为了扩充疆土，阿保机又积极地四处用兵，后方的事务也就落到了能干的述律后的身上。为进一步巩固后方，

看守大本营，述律后征得阿保机的同意，建立了直接归自己统辖的宫廷卫队。她确实有些先见之明，在阿保机又一次出兵走了之后，室韦部落的黄头和臭泊两个家族便想趁机偷袭，述律后得知后，派兵埋伏等候，等他们到了之后，领兵大破室韦人，这一仗使述律后名声大振。除了实际作战外，述律后对于阿保机的一些重要的战争计划也经常参与谋划，还曾阻止了阿保机的一次毫无意义的出征。这一年，南方的吴国向契丹进献了一种猛火油，说是遇到水后火不但不会灭，反而会烧得更旺。阿保机一听动了心，马上就想领兵去攻打幽州城试一试这种猛火油的威力。述律后得知后，赶忙去阻止，她并没有单纯地阻止，而是策略地提出了骚扰幽州的战略。她说："我们用三千骑兵埋伏在幽州一侧，然后再掠其四野，这样就使城中粮食没有了来源，不用几年，幽州便会守不住了。如果我们冒险地用兵，万一不能速胜，不但会被中原的人耻笑，而且

● 辽世宗"天禄通宝"铜币

我们部落内部也有解体的可能。"阿保机开始并没有把她的话放在心上，但后来经过仔细考虑，认为皇后的话很有道理，便不再一时冲动去打幽州了。以后阿保机曾在神册二年（917）和神册六年（921）两次率兵南下中原，但都以失败而告终，这时，阿保机才认识到妻子述律后骚扰幽州这种策略的正确性，实施之后，取得了很好的效果。述律后的谋略在阿保机出兵渤海时也得到了充分的体现。

偏袒幼子

　　后来，述律后跟随阿保机一起出征，征讨东面的渤海国。渤海国被攻下后，阿保机建立了东丹国，任命长子耶律倍做东丹王，自己返回途中死于扶余城。从阿保机死后到新君主选出，这段时间按照游牧民族的传统习惯，要由皇后主持政务，继承人也要由皇后主持召开大会选举产生。述律后的权威就很大了，暂时掌握军政大权。阿保机安葬之后，她主持了契丹贵族参加的推荐继承人的大会，按照自己的意愿选择了耶律德光。当初阿保机曾立长子耶律倍为太子，这说明阿保机是想让他继承皇位的，这也符合中原王朝嫡长子继承制的做法。但在灭渤海国后，却册封耶律倍为人皇王管理渤海地区。这大概是述律后影响的结果，让耶律倍留在东边，而让自己比较喜欢的次子耶律德光

继位。耶律倍被迫逃奔后唐，后来被后唐李从珂派人杀死。

阿保机在世时曾给三个儿子做了一次测试，让他们一起去砍柴，看谁先回来。耶律德光最先回来，他砍了一些就往回走，根本没有选择柴的优劣。耶律倍选择了一些干柴砍下，然后捆成一束带回来。老三砍了很多，但又扔掉了不少，回来后，袖手而立，有些惭愧的样子。以后的事实说明这次测验的结果还是非常准确的：耶律倍仁义但没有大的谋略，没有斗过二弟；耶律德光以机巧巩固了帝位；老三李胡则残暴不得人心。述律后想立老三为帝，遭到了众人的反对。阿保机对这次测验评价说："长巧而次成，少不及也。"说明他对老大、老二两个儿子都是很欣赏的。但耶律倍虽然才学过人，精通音律和医药，也擅长写契丹和汉文章，但不会讨母亲喜欢，尤其他推崇以儒家学说来治理国家，更使守旧的母亲倾向于二弟。

🍂 狠心断腕 ·························

在正式选举皇位继承人之前，述律后就未雨绸缪，充分利用主持阿保机葬礼的机会清除政敌，而且表现得既果断又狠毒。因为大臣当中支持长子和次子的势均力敌，为了扫除以后次子耶律德光政治上的敌对势力，她以传统的殉葬制度为借口，让一些和她做对的人为阿保机殉葬，说是让他们为她传话给阿保机。单这一个借口就总共杀掉了100名大臣。但述律后也付出了代价，失掉了一只手。在她让汉人赵思温为阿保机殉葬时，赵思温不听。述律后就责问他："你和先帝不是很亲近吗，为什么不去？"赵思温反驳道："和先帝亲近，谁也比不上皇后，如果皇后去，那我就马上来。"述律后狡辩说："几个儿子还年幼，现在国家没有君主，我暂时不能去。"最后，述律后为了除掉赵思温这个难对付的大臣，竟狠下心来，将自己的一只手从手腕处砍断做殉葬，这就是历史上有名的"太后断腕"的故事。

阿保机死后，述律后的权势并没有降低，反而有所提高，一来她是太后，而且耶律德光又是由于她的坚持才得以继位当上了皇帝。还有她自己由于那个地神见了也躲避的传说而具有的神秘色彩，使得一般人不敢对她有所不敬。耶律德光对母亲也是非常孝敬的，母亲得病不吃饭的时候，他也守在一旁不吃饭。耶律德光对母亲还有一些敬畏，在母亲面前有时说话让述律后不高兴时，述律后便横眉怒视他，耶律德光就吓得赶忙退出来，如果母亲不召他进去，便不敢再去见述律后。耶律德光的智勇与谋略大概继承了他母亲很多，但也许是从小被母亲管教较严，所以成人之后依然对母亲有所敬畏。

🍂 反对南征 ·························

因为述律后重视牧业而轻视农业，所以她对于向中原用兵不太热心，只希望在草原地区建立稳固的统治。在阿保

机又一次出兵幽州时，她反对说："我们有这么广阔的地方，羊马无数，在这里享受无人可比，又何必兴师动众地远征得那么点利益呢！我听说晋王用兵天下无敌，假如出兵作战不利，后悔就来不及了，到时又有谁去相救呢？"因此，她的策略就是用少量骑兵骚扰，然后掠夺一些财物和人口就达到目的了。

耶律德光继位之后，继承了父亲念念不忘用兵中原、扩疆土至黄河以北的志向，屡次南下，但述律后总是拦阻。就是耶律德光在接到石敬瑭的书信准备南下时，述律后仍然不愿他出征，虽然这次把握性很大。述律后对儿子说："我儿将行，记住我一句话，如果有人乘虚引兵北上攻打我们，你就赶快回来，不要再去救太原了。"作为母亲，述律后对这个比较宠爱的儿子也是很担心的，后来，耶律德光果然在灭后晋回兵时病死在栾城。耶律德光的灵柩运回上京时，太后没有哭，也没有立即发丧，说是要等到各部落安定时再行丧礼。

被囚至死

在耶律德光死后，述律后还是想按照自己的意愿让三儿子李胡继位称帝，但这个老三为人极为残忍，没有什么威望。以前述律后因为偏袒耶律德光不让耶律倍继位，得罪了一大批人，而且也杀掉了很多大臣，到这时，被杀大臣的儿子们也已经成人，这些人联合起来，共同对述律后发动攻击。他们在南院大王耶律吼和北院大王耶律洼以及直宿卫耶律安抟等人的率领下，拥立东丹王耶律倍的儿子耶律阮称帝。

述律后接到报告，异常恼怒："我儿南征东讨，功业卓著，当立者应该是在我身边的孙子，耶律阮的父亲弃我而奔后唐，是大逆不道之人，怎么能立这种人的儿子为帝呢？"于是派第三子李胡领兵阻击，和耶律阮隔湟水对峙。但与李胡同行的后晋降将李彦韬却投降了，结果李胡败退而回。大臣耶律屋质趁机劝说述律后罢兵言和，述律后见无力左右局势，只好承认了既成事实。但内心里仍留恋昔日的权势，所以又寻机暗中谋划废耶律阮而立李胡为帝。最后事泄被幽禁到阿保机的陵墓旁，直到75岁死去。

●青玉松鹤人物山子·辽

高11.9厘米。青白玉质地，山形奇异，孔洞交织，山上猕猴姿态百出，山中瀑布穿石而出，直流而下。

辽太宗屡下中原

❈ 时间：926～947

辽太宗即耶律德光，耶律阿保机的次子。在阿保机的三个儿子当中，他和长子耶律倍都很受阿保机的喜爱，但耶律德光更像他的父亲，在阿保机四处征战的时候，耶律德光都跟着出征，因此立功甚多，一直到后来平定渤海国，都有所建树。所以同样有勇有谋的母亲述律后对他另眼相看，在继承皇位的问题上全力支持他，反对喜欢汉族文化的长子耶律倍继位。

处心积虑保皇位

辽太宗耶律德光在即位之初，就花了大量的精力来巩固他的帝位。由于他是在母亲的支持下才得以即位的，而有些大臣却不太支持他，特别是他的哥哥耶律倍更是不服，因为阿保机当初是将耶律倍立为太子的。所以耶律德光一直将哥哥当成他最大的政敌，采取一系列措施来巩固自己的帝位，直到耶律倍逃到了后唐。

首先，辽太宗耶律德光加强了对军队的控制。他经常检阅侍卫亲兵、各部族及各帐军队，以此来充分控制军权，防止异己势力在其中渗透，从而在根本上巩固自己的权势。

其次，辽太宗对耶律倍管辖的渤海国也严加防范。为了削弱渤海国的力量，他趁耶律倍离开属地到京城的时机，将渤海国大量的居民迁移到其他地方，渤海国土地面积大大缩小了，而政治中心迁到离契丹很近的地方也利于监视控制。

为进一步防范哥哥，辽太宗又两次去耶律倍的府上，表面上做出兄弟和好的样子，实际上是进一步了解情况。当耶律倍住在京城的时候，辽太宗又

●龙凤鱼形玉佩·辽

趁机去渤海国，目的是为了拉拢耶律倍的属下，为他充当耳目，对付耶律倍。等耶律倍和他的属下们要回渤海国时，辽太宗又抓住时机把他的属下们召进宫里设宴招待，其实也是为了进一步拉拢他们，分化耶律倍的力量。不久，在母亲的支持下，辽太宗又使出狠命的一招，将弟弟李胡立为皇太弟，作为皇位的继承人。耶律倍在弟弟的一次次明里暗里的进攻下，终于无法再忍受下去，也为了避免以后有什么不测，就渡渤海投奔了后唐。辽太宗费尽心机，终于达到了目的。或许契丹人的政治经验还没有汉族人那么多，心也没有那么狠毒，毕竟是将哥哥逼走了，没有直接设阴谋将他杀死。阿保机当初也是如此，没有在兄弟们第一次反叛时将他们杀死，而是赦免了他们，直到后来才杀了一些人，但对于首犯也没有斩首，而是处以杖刑。

承父业争霸中原

在巩固了自己的帝位之后，辽太宗开始继续父亲阿保机的事业，向南用兵，争霸中原。契丹从阿保机开始就想把疆土扩展到黄河岸边，进而拥有黄河以北的大片领土。但中原的势力一直抵制契丹的入侵，所以，契丹用兵时总是趁中原几派势力相争时打着支援一方的旗号的。在后唐统治时期，尤其是后唐明宗时期，中原比较稳定，再加上后唐的军队号称鸦军，都穿黑衣，战斗力也很强，而契丹是以民为兵的，没有专门的野战军，所以在和中原兵作战时总是吃亏。因此，辽太宗的势力再大，也要等到中原出了变故时乘虚而入，收渔人之利，单纯的宣战和正式决战很难取得成功。所以，辽太宗一直等到了李嗣源死后才南下中原，而且是石敬瑭主动求救时才敢出兵，后来灭后晋也是由于后晋将领投降捡了个便宜。

石敬瑭和后唐末帝李从珂发生矛盾之后，石敬瑭为保住自己的势力，称帝登基，只得向辽太宗求救。等待已久的辽太

● 白釉黑花虎形枕·辽

高14厘米，长32厘米，宽14厘米。出土于辽宁省朝阳市西大营子乡郭家村。枕呈伏虎形，白釉黑花，虎目圆睁，颇具气势。此枕为辽代动物造型枕的代表。

●鱼形玉佩·辽

此玉佩由鱼形盒玉坠、雕玉饰、珍珠、琥珀珠、绿松石珠、水晶珠用金丝穿系而成。鱼形盒玉饰，白玉质、表面略有灰白沁痕，纹饰细腻，造型生动。反映了契丹人精湛的玉雕工艺技术。

宗喜出望外，看到石敬瑭诱人的条件，赶忙亲自出兵相救。立石敬瑭为大晋皇帝，自己则得到了一大块肥肉，不费吹灰之力将早就渴望的燕云十六州收入契丹的统治范围，而且每年还接受大批的布帛贡献。但辽太宗这块意外的肥肉也只品尝了十来年的时间，最后他还把命丢在了中原。

三战灭后晋

不管以后怎样，辽太宗毕竟将燕云十六州弄到了手，下一个目标就是继续南下，将边界推进到黄河岸边。石敬瑭死后，石重贵继位，后晋态度的变化给辽太宗用兵提供了良机和充分的借口。同时，幽州的赵延寿也想像当年石敬瑭那样当个皇帝，劝辽太宗乘机进攻。后晋将领杨光远也暗通契丹，说后晋违背盟约，正好借机出兵，而且后晋境内发生了大的灾害，军队死亡过半，只要出兵，就能一举成功。

辽太宗禁不住心动了，为了抓住这个难得的机会，便发动了对后晋的讨伐战争，而且连续打了三次，直到灭了后晋。在灭后晋长达三年的战争中，辽太宗超人的意志力得到了充分的体现，这说明他用兵中原是经过了长期准备和长久等待的，一遇到有利时机就不达目的誓不罢休，最后终于实现了多年的愿望。虽然得胜是由于后晋军队的投降，但辽太宗的意志力之强确实令人佩服。

在用兵的过程中，辽太宗的过人谋略也运用得很充分。他最大限度地利用了汉族官吏的称帝野心和他们之间的矛盾，这和辽太宗多年了解掌握中原的各种政治和军事情报有很大的关系。

他先利用了赵延寿想当中原皇帝的野心，让他充当了同后晋作战的先锋。许诺赵延寿在灭后晋之后做皇帝，所以赵延寿作战很是卖力。第一次发兵，只有赵延寿的一路兵马取得了一点战果。等最后灭了后晋，辽太宗却闭口不提当初的诺言，赵延寿不知羞耻地提出立自己为太子，辽太宗却说太子应该由他的儿子当，他当不合适。就是任赵延寿官职时，大臣也提议将给他的"都督中外诸军事"给划掉了。狡诈善变的辽太宗将赵延寿大大耍弄了一番。对于另一个人物杜重威，辽太宗也同样许诺给皇帝之位，等杜重威投降后，让他穿上皇帝穿的赭黄袍，和之前让赵延寿穿赭黄袍去抚慰后晋将士一样，将这两个一心要当皇帝的败类像耍猴一样耍了个够。皇帝这个位子最后还是辽太宗自己坐上了，不过他的代价也很大，把老命都搭进去了，死前还受了不少罪。

●契丹狩猎图·辽·佚名

对后晋的战争由于后晋爱国将士的英勇奋战，辽太宗也打得很艰苦，第二次发兵时，被后晋的皇甫遇、慕容彦超、李守贞等将领打得大败而归。契丹国内当时也发生了灾害，人和牲畜大量死亡，各部落也有了厌战情绪，而且母亲述律后了解到后晋派使者议和时，也极力劝说辽太宗罢兵讲和。述律后对儿子说："如果汉人做契丹王，行吗？"辽太宗说："不行。"述律后又说："那你为什么非要当汉王呢？"辽太宗说："石氏忘恩负

●穹庐式鹿纹灰陶骨灰罐·辽

●天宁寺塔·辽

天宁寺塔建成于辽末
（1100～1120），塔在今
北京市广安门外。

义不能容忍。"述律后又劝他："你就是得了汉地也不能久留，万一有什么意外，后悔就来不及了。"后来的事实说明述律后还是有先见之明的，辽太宗最终命丧中原。辽太宗没有听从母亲的劝告，坚持要后晋割让镇州和定州，才肯息兵，其实他是不愿意就此轻易丧失这个机会。虽然一时失利，但辽太宗还是第二年又出兵进攻，结果抓住了时机，利用杜重威怯懦和想当皇帝的弱点，劝降成功，不久后晋也被灭掉了。

会同十年（947），辽太宗用中原皇帝的仪仗进入了后晋都城开封，在崇元殿他又穿上汉族皇帝的装束接受文武百官的朝贺。把投降的石重贵封为负义侯，除了讽刺，这个官职没有任何别的含义。后晋因为契丹而建立，最后又因为契丹而灭亡，真是兴也耶律德光，亡也耶律德光。靠别人的力量建立的王朝很难长久存在下去。在称帝之前，辽太宗耶律德光又做了做表面文章，让了让帝位，但后晋的大臣们被赦免已经很感激他了，谁还敢说别的，于是都说"夷、夏之心，皆愿推戴皇帝"，辽太宗也不再让，欣欣然坐上了父亲阿保机早就想坐的皇帝宝座。在举行仪式时，汉人穿汉服，契丹人穿他们的民族服装，辽太宗则穿汉服。此后，辽朝的官服制度也就以此为标准，契丹和汉人分别穿本民族的服装。辽太宗在做了中原皇帝的同时还将契丹国号改为"大辽"，年号也改成"大同"。有的书中为了叙述简便，就将这之前的契丹也称为辽。

◆ 延伸阅读 辽代石窟——真寂之寺

真寂之寺位于赤峰市巴林左旗林西镇西南20千米，始建于辽乾统九年（1109），是辽上京三寺中保存得较好的一座寺庙。真寂之寺的名胜之处在于辽代石窟。石窟门楣上方有阴刻"真寂之寺"四个苍劲有力的大字，系辽代开凿石窟时所题。石窟分中窟、南窟和北窟。中窟正中雕释迦牟尼卧像，两旁侍立着菩萨两尊，15名弟子跪伏在地，南、北、西三面墙壁为半浮雕的千佛像。南窟为方形的窟室，窟内两侧各有半圆雕天王像一尊，脚穿长靴，面目狰狞。中间雕刻释迦牟尼坐像。右面雕有普贤菩萨骑象像，左面雕有文殊菩萨骑狮像。北窟分内外两室，外室造型与南窟基本相似。内室全为浮雕像，这些浮雕像刀法遒劲，线条流畅，造型生动。居中趺坐着释迦牟尼像，两旁有佛弟子、菩萨、供养人及天王像各一尊。其中供养人跪在弟子像前，双手捧供物、衣饰，其容貌为典型的契丹人。真寂之寺的石窟是目前全国现存唯一的辽代石窟。

耶律倍投后唐

❀ 时间：889～936

耶律倍，后世被追封为辽义宗，是辽太祖耶律阿保机的长子，母亲是述律后，与后来继承辽太祖皇位的辽太宗耶律德光是亲兄弟。耶律倍自幼聪敏好学，外宽内挚。辽神册元年春，被耶律阿保机立为皇太子。

倾心儒家

阿保机曾问众臣："受命之君，当事天敬神。有大功德者，我想祭奠，那先祭奠谁呢？"耶律倍答道："孔子大圣，万世所尊，应当率先祭拜。"耶律阿保机听后大悦，随即下诏修建孔庙，由耶律倍主持春秋的祭祀活动。

耶律倍曾跟随阿保机征伐乌谷、党项各个部族，在军中担任先锋都统的职务，显示出了军事才能。天显元年，耶律阿保机出兵攻打渤海国。攻下扶余城后，阿保机打算在扶余城休整一番，登记、核对人口。耶律倍劝说道："我们刚打下这座城池，马上进行人口登记，会引起城里居民的不安。如果乘着破竹之势，直接杀向忽汗城，一定能够顺利攻下。"阿保机听从了耶律倍的建议，由耶律倍与耶律德光担任前锋，夜围忽汗城。渤海国国王大諲撰惊惶失措，只好请降。过了不久，大諲撰发动叛乱，阿保机对此早有防范，很快把叛乱镇压了下去。阿保机把渤海国改名为东丹，

并封耶律倍为人皇王，统治东丹国。耶律倍身穿天子的冠服，建元甘露，设立官职，一切都循汉制。阿保机对耶律倍说："此地濒海，并非久居之地。留你在此抚治，我一点也不担心。"

被迫出走

耶律德光继承帝位后，对耶律倍这个潜在的帝位争夺者十分猜忌。他把东平（今辽阳市）设为南京，令耶律倍离开东丹国，迁到东平居住。耶律德光又布置了许多卫士监视耶律倍的日常起居，把耶律倍变相软禁了起来。耶律倍为了表明自己无意争夺帝位的心志，让随从王继远撰文《建南京碑》，并在自己居住的西宫建起了一座藏书楼，整日读书作画，以闲散姿态度日。在此期间，耶律倍为了避祸，还数次将王妃和长子耶律阮留在东平，只带宠妃高美人来到辽宁锦州的闾山，过了一段时间的隐居生活。

后唐明宗李嗣源得知耶律倍不见容

于耶律德光，便派遣密使跨海会见耶律倍，劝耶律倍前往后唐。天显五年（930）十一月，耶律倍决定投奔后唐。他率随从离开辽南京，到达后唐境内的登州（今山东蓬莱）。后唐明宗为耶律倍的到来深感得意，以天子仪卫迎接，厚待有加，并赐耶律倍姓东丹，名慕华，任命为怀化军节度使、瑞、慎等州观察使。不久，唐明宗又赐耶律倍姓名为李赞华。唐明宗长兴三年，又封李赞华（耶律倍）为义成节度使。

长兴四年十一月（辽天显八年，933），唐明宗病死，其第五子李从厚即位。没过数月，唐明宗养子李从珂谋反，登上王位，建年号清泰。当时居住在洛阳的耶律倍向契丹密报李从珂弑君自立，建议派兵讨伐。

契丹获得后唐发生内乱的情报后，开始在后唐边境上发动试探性进攻。后唐河东节度使兼北面都总管石敬瑭久蓄异志，虽然身负防御契丹南下的重任，却暗中与契丹勾结，准备发动叛乱。清泰三年（辽天显十一年，936），石敬瑭上表指责清泰帝不当立，要求让位于明宗之子李从益。石敬瑭随即与耶律德光结成同盟，对耶律德光"以父礼事之"。同年九月，耶律德光率军南下，消灭后唐军主力于晋阳城外，并随同石敬瑭军进攻洛阳。正在城中的耶律倍没有躲过死劫，后唐清泰帝见洛阳城破、自己末日已到，强迫耶律倍一同投火而死。耶律倍在长期的背国离家之后，走完了令人唏嘘的一生。

● **东丹王出行图·辽·李赞华**

纵27.8厘米，横125.1厘米。辽东丹王李赞华（即耶律倍）自投后唐明宗后，长期居住中原，其画风对后世影响很大。从文献著录来看，此卷是李赞华所画的一件精品。人物形象似胡人，各具姿态，衣冠、服饰、佩戴亦各有不同；马匹矫健、丰肥；东丹王神情忧郁，若有所思，正合其弃辽投唐后的处境。

辽太宗定制

❀ 时间：926~947

除开拓疆土之外，辽太宗对辽朝的贡献要数对政治制度的完善了。辽太宗将后晋的一整套汉族官制带到了辽国，加上原来阿保机时期确立的官制，终于使辽在部分汉化的过程中形成了具有自己特色的民族官制。

❧ 北面官制

随着辽的统治区域不断扩大，辽太宗为了更好地治理不同民族的事务，就制定了"因俗而治"的原则，形成了北、南两套完整的官制。即北面官制和南面官制。

北面官制，即辽朝契丹族的官制，官吏一律用契丹族人，掌握契丹的一切军政事务，也是辽朝的最高权力机关。之所以称为北面官，是因为辽国有崇拜太阳的习俗，喜欢向东，而且以左为上。这样，辽王的大帐就面向东方，而北面就是左，也就是契丹族官吏的办公地点，所以叫北面官。在北面官中，又分为几种类型：北面朝官、北面御帐官、北面皇族帐官，以及北面诸帐官和北面宫官。

北面朝官，这是辽朝官制的主要机构，在北面朝官中又分为南北两个不同的部门，如北枢密院管兵部，南枢密院管吏部。这和总的南北面官制很容易混淆，应该分清。在北面朝官中，南北枢密院是辽国的最高行政机构，分别掌管军政和民政，也通称为北衙和南衙。北面朝官中还有北南枢密院中丞司，掌管纠察检举百官。北南宰相府也参与军国大事，类似于汉族官制中的参知政事。另外，还有大惕隐司，掌管皇族的政教事务。设置夷离毕院，掌管断案、刑狱。敌烈麻都司掌管礼仪。最后在百官之上还设置了一个没有实际职务的大于越府，只是一个荣誉称号，和汉族太师的称号差不多。但一般人很难得到大于越的称号，整个辽朝也只有三个人得到过。

北面御帐官，它也有许多下属机构。例如侍卫司，负责御帐的护

卫。北南护卫府，负责北南两个枢密院的护卫工作。

北面皇族帐官，阿保机的后裔、阿保机伯父的后裔、阿保机叔父的后裔、阿保机兄弟们的后裔共四个系统的皇族，分别设立有职权的营帐，叫做四帐皇族，地位很高。北面皇族帐官也有分支机构，大内惕隐司就专门掌管四帐的政教事务。

北面诸帐官，这是为阿保机部落之外，即皇族之外的其他有地位的部族设立的机构，如遥辇氏，渤海王族等，一方面是表示恩宠，另一方面也是为了进行有效的控制。

北面宫官，主要掌管宫廷一些日常事务。

南面官制

和北面官制相对应的就是南面官制，在辽太宗得到十六州之后，进一步完善了汉族的官制，仿效唐朝的官制，设立三省六部等一整套治理机构，以此来招徕汉族人，管理汉族人的事务。南面官主要由汉人来担任，契丹人也有在南面官中任职的，他们被称为汉官，也穿汉服。南面官由于办公的营帐在辽国王大帐的南面，所以称为南面官。

南面官中的分支机构有：汉人枢密院，阿保机的时候叫"汉儿司"，其他有中书省、尚书省、门下省、御史台、翰林院等。

在地方官制当中，辽朝也是两套制度并存，就是部族制和州县制，契丹人和其他游牧民族用部族制，而汉人和渤海人则使用唐朝时用的州县制。在耶律倍投奔后唐之后，辽太宗又趁机整顿了东丹也就是原来渤海国的行政制度。先让耶律倍的妃子主持东丹政务，然后采取措施加强了对东丹的控制。东丹国在原先并不是辽中央政权直接管辖的地区，东丹是个亲王的封国，东丹王对于本地的事务可以全权管理。他可以自己建立年号和国号，而且有权直接和外国交往。对于宰相以下的官员可以自己任免。在耶律倍走后，辽太宗就在东丹国设立了中台省，派遣官吏到那里参与政务管理，从而加强了对东丹的控制。

● 契丹大字银币

"睡王" 辽穆宗

❈ 时间：930～969

辽应历元年（951）九月，辽平息察割之乱后，群臣拥立辽太宗长子耶律璟，是为辽穆宗。穆宗好游戏，厌国事，每夜酣饮，达旦乃寐，日中方起，国人称之为"睡王"。

镇压内乱

在辽世宗耶律阮被弑之后，大臣合力诛杀逆臣察割，拥立辽太宗耶律德光长子耶律璟为帝，是为辽穆宗。穆宗因为耶律安抟、耶律何鲁不等大臣曾拥立世宗的缘故，对他们不加任用，因而统治集团内部矛盾日益尖锐。应历二年（952）正月，太尉忽古质谋逆未成被诛。四月，羽林部署辛霸卿等32人南奔后周。国舅政事令萧眉古得和宣政殿学士李澣密谋投奔后周。六月，事情泄露，萧眉古得于同年八月被杀，李澣受杖刑而获释。此前一个月，即七月，政事令耶律娄国见穆宗昏庸，产生觊觎之心。在诛除察割时立有大功的林牙耶律敌烈因未被重用而心怀不满。于是，两人互相结纳，并勾结侍中神都和郎君海里，谋立耶律娄国为帝。事情泄露后，穆宗缢杀娄国，以凌迟处死耶律敌烈，并惩办了两人的党羽。

应历三年（953）十月，李胡之子卫王耶律宛与郎君嵇干、敌烈谋反，牵连到太宗次子太平王罨撒葛和林牙华割、郎君新罗等。穆宗将他们一并逮捕，并处死华割、嵇干，释放耶律宛和罨撒葛。耶律安抟则被指控参与太平王罨撒葛谋乱，死于狱中。

应历十年（960）七月，政事令耶律寿远、太保楚阿不等谋反，皆被处死。不久，李胡之子赵王耶律喜隐谋反，牵连到李胡。李胡被监禁，死于狱中。耶律喜隐供出了当时任太祖庙详稳（官名）的韩匡嗣，穆宗却置之不问。次年二月，耶律喜隐获释。

穆宗镇压了上述谋叛，但反对他的大有人在。世宗次子耶律贤在藩邸秘密结纳韩匡嗣、耶律贤适和女里等人，伺机推翻穆宗。

穆宗的失政也引起部族的叛离。应历十四年（964）秋，黄室韦掠

走马牛叛逃而去。同年冬，统军库古只击败黄室韦，降伏他的部下。
这时乌古部也开始叛乱，大掠居民财畜。详稳僧隐战败，死于战场。
次年二月，穆宗派枢密使雅里斯为行军都统，虎军详稳楚思为行军都
监，合诸部兵讨伐乌古。乌古部众杀其长宰离底，投降契丹，但不久
又发动了叛乱。与此同时，大黄室韦酋长寅尼吉也宣告叛乱。五坊人
四十户叛逃入乌古部。四月，小黄室韦叛乱，雅里斯、楚思等出兵击
之，为小黄室韦所败。穆宗以秃里和女古伐雅里斯和楚思主持军务，
同时下诏招抚，遭到拒绝。七月，乌古劫掠上京北榆林峪居民，穆宗
派遣林牙萧斡讨伐。雅里斯等与乌古作战再次失利。十月，常思率兵进
讨，大破乌古部。历时一年多的室韦、乌古叛乱才告平息。

残忍嗜杀

　　昏庸的穆宗十分残暴。早在即位之初，听信女巫肖古用男子胆配制
延年药方的妄语，为取胆而杀人无数。直到应历七年（957）才发觉上
当，处死了女巫。应历十年（960），以镇茵石狻猊击杀近侍古哥。应
历十三年（963）春，曾一连九天昼夜酣饮。同年，以小过甚至无故杀
死侍从官员多人。此后，他经常不理朝政，昼寝夜饮，滥杀无辜，愈
演愈烈。

　　穆宗嗜酒好杀，近侍往往因微不足道的缘故，遭受炮烙、铁梳
等酷刑。穆宗或亲手刺杀，或命人斩击射燎，断手
足，折腰胫，划口破齿，弃尸于荒野。应历十五年
（965）以后，年年都有近侍无辜遇害，死者达百
余人之多。朝野内外人人自危。应历十九年（969）
二月，穆宗在怀州（今内蒙古赤峰巴林左旗林东镇附
近）打猎，醉于行宫，为近侍小哥、庖人辛古等所杀。

　　穆宗死后，侍中萧思温与南院枢密使高勋等率甲士
千骑火速赶到行宫，拥立辽世宗次子耶律贤，是为辽景
宗。小哥等人五年之后才被捕处决。

●乳钉纹高颈玻璃瓶·辽

瓶高17厘米。无色透明，含有气泡，表面有风化层。双唇，侈口，漏
斗形细高颈，宽扁把，球形腹，喇叭形高圈足。把用10层玻璃堆成花
式镂空状，口沿有一周淡蓝色颜料，腹壁饰五周小乳钉纹。

景宗守成

❖ 时间：969～982

辽景宗耶律贤是世宗次子，生于天禄二年（948）。穆宗即位后，将他养在永兴宫。永兴宫是穆宗生父太宗的宫卫（即行宫）。太宗死后，永兴宫由穆宗继承，穆宗即位后，在该宫成长起来的耶律贤就成了这个宫卫的新主人。穆宗无子，视贤如己出。

继承皇位

耶律贤一直受到穆宗的钟爱，但成年之后，他对穆宗却非常不满，主要是不满意穆宗酗酒怠政。他经常向身边的两个亲信女里和韩匡嗣流露这种情绪。这两人原是积庆宫的宫分人（即宫里当差者），该宫原属耶律贤生父辽世宗，穆宗即位后，他俩随耶律贤一起转入永兴宫，因此，与耶律贤的关系格外亲密。李胡之子喜隐早就发现了耶律贤对穆宗的不满，并试图加以利用。应历十年（960），韩匡嗣出任太祖庙详稳，这一年十月"赵王喜隐谋叛，辞引匡嗣，上置不问"。本来，辽穆宗不惜为任何一点小事就可以对宫分人大开杀戒，但这一次却放过了韩匡嗣。韩匡嗣幸免于一死，并不是因为穆宗与他有什么特殊关系。穆宗不再深究此事，他不愿此事涉及耶律贤。

尽管这样，耶律贤和韩匡嗣等人还是受到了震动，他们更加小心谨慎了。

耶律贤在并未明确作为皇位继承人的情况下，随时准备应付各种事变，以便时机到来，参与争夺皇位的斗争。应历十九年（969）二月，穆宗遇弑，由于事先耶律贤早就做了应变的准备，所以事情发生后，他能马上召来女里帮他集结五百禁兵以自卫。这时，他又召来另外两个亲信：侍中萧思温和南院枢密使高勋，他们率甲骑千人，连夜奔赴行在。黎明时分，这一队人马赶到，耶律贤为穆宗痛哭一场，经群臣"劝进"，在柩前即位，改元"保宁"。

谋反不断

景宗即位的经过几乎就是穆宗即位过程的再现。只是由于景宗事先有备，且掌握了较强大的武力，所以才比较顺利地继承了皇位。但即位之后不久，拥立他的几个主要人物之间很快又爆发了权力之争，并且达到了白热化的程度。当时高勋由于拥立之功，已经当

上了大丞相，同样，女里也据有契丹行宫都部署的高位，他们自以为受到景宗宠爱，于是就恣意妄为，与景宗姨母、保母结成一伙，权势炙手可热，贿赂公行，门庭若市。景宗心腹耶律贤适认为这种情况很值得忧虑，提醒景宗注意，但无可奈何。首先，高勋与女里联合反对萧思温。萧思温是景宗睿智皇后的父亲，因皇后的关系，景宗即位后地位迅速跃居高勋、女里之上，成为掌握兵权的北院枢密使兼北府宰相，而且获准世预其选。这种情况，使高勋和女里感到自己的地位受到了威胁，因此，保宁二年（970）五月，他们合谋将萧思温杀害了。萧思温是在跟随景宗出猎时遇害的，案发后，直至八年后的保宁十年（978）才查清。当时由于女里私藏甲胄被发觉，按问过程中竟从其衣袖中搜出了当年与谋杀萧思温有关的一封密信，于是真相大白，女里和高勋均被处死。

女里、高勋被杀后不久，乾亨二年（980），又发生李胡之子喜隐谋反事件。喜隐在穆宗之世曾一再谋反，后被囚禁。景宗即位后，喜隐听说有赦免令，便自去刑具前往朝见，景宗怒曰："汝罪人，何得擅离禁所。"为此，下诏杀了不负责任的看守，并重新把喜隐囚禁起来。但是，改元保宁之后，景宗很快就饶恕了这个罪犯，不仅放他出狱，并且为他娶皇后之姐姐为妻，恢复爵位，封为宋王。这种突如其来的变化，显然是有原因的。景宗即位之初，需要有更多的亲信帮助他巩固统治地位，因此用尽一切办法拉拢喜隐。然而，喜隐却是个稍一得志即忘乎所以的狂妄之徒，就连景宗召见，亦敢怠慢，结果被鞭打一顿，他由此对景宗心怀不满，伺机谋反。保宁六年（974）四月，"宋王喜隐坐谋反废"。但是，鉴于女里、高勋

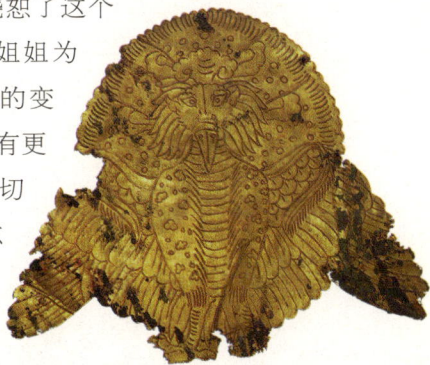

● 鎏金海东青铜饰片·辽

事件的教训，景宗除宗室、外戚以外，很少有信得过的人，故喜隐在保宁九年（977）又被起用为西南面招讨使，并被派遣去向河东的北汉政权索还逃户。乾亨二年（980）六月，喜隐再次引诱一群小人谋叛，事发后，景宗下令将其手足戴械，囚禁于祖州。

承天太后萧燕燕

辽朝历史上掌握最大权力的太后不是述律后，而是萧燕燕，萧燕燕时代，达到官位顶峰的大臣是汉臣韩德让，后世常传说他们两人的爱情故事，虽然或许子虚乌有，但君臣相得，共同缔造了契丹族的盛世，却是不争的事实。

助夫秉政

萧燕燕（953～1009），汉名叫绰，燕燕是她的契丹名，或说是小字。其父萧思温是相当汉化的契丹贵族，学问很深，历任高官要职。萧燕燕自幼聪明过人，是位喜爱读书、性格执拗的姑娘。传说萧思温曾将燕燕许配给韩德让。韩德让是阿保机时代著名汉臣韩知古的孙子，自幼喜读汉文典籍，文化修养深厚，名冠一时。但是969年，辽穆宗耶律璟被刺，萧思温等拥立世宗次子耶律贤为帝，为了报答拥立之功，耶律贤提出选萧燕燕为贵妃。这年，萧燕燕17岁。

耶律贤就是辽景宗，他从小患病，身体虚弱，经常不能临朝断事，朝政大权逐渐转移到不久就被册封为皇后的萧燕燕手中。萧燕燕励精图治，日夜操劳，从善如流，深得朝廷上下的拥戴。辽景宗对此并不嫉恨，反而为拥有这样一位智勇双全的皇后作为自己政治上的代理人而感到庆幸。976年，辽景宗特意下诏给史馆学士，决定自此以后，记录皇后之言亦当称"朕"，把萧燕燕摆到和自己同等的位置上来。

979年，宋太宗灭亡北汉后继续北

● **射骑图·辽·佚名**

纵27.1厘米，横49.5厘米。画中武夫腰弓持箭，立于马前，正在校正箭杆，似在做出猎前的准备。人马刻画最见功夫，活灵活现，实为佳品。

上，进攻辽国，包围了南京（今北京市），韩德让代父韩匡嗣守城，与援军内外夹击，在高梁河大败宋军，从此扬名天下。982年，辽景宗病死，临终传位给他和萧燕燕所生的儿子耶律隆绪，并且颁诏说："军国大事听皇后命。"据说萧燕燕请来已经升任南院枢密使的韩德让，对他说："我曾许嫁于你，现在皇上归天，愿与你相谐旧好。如今我子年幼当国，愿你把他当做自己的儿子一样！"

辽朝设南北两院，北院处理契丹等游牧民族的事务，南院处理汉族事务，身兼两院枢密使的，只有韩德让一人，并且韩德让还受拜大丞相，总理朝政，这是辽朝历史上所仅有的。1001年，萧太后赐韩德让名德昌，三年后又赐他改姓耶律，称耶律隆运，封晋王。韩德让权势熏天，引起很多契丹贵族的不满，他们说："非我契丹族，怎能委以如此重任！"萧太后下诏说："选官贵在得人，当以贤能与否为尺度，怎能把种族界限当成不可逾越的障碍呢？"

韩德让没有辜负萧太后的期望，他和耶律休哥等大将通力合作，弥合民族矛盾，劝农桑，修武备，使辽朝达到前所未有的盛世。但是宋人却传说他和萧太后通奸，为此萧太后还毒死了韩德让的妻子，以便与奸夫日夜相会，此事引发辽朝内部的重重矛盾。宋朝以为有机可乘，遂于986年再度大举北伐。

宋辽之盟

萧太后临危不乱，沉着应战，她派驻扎南京的耶律休哥抵挡宋东路军，命大将耶律斜轸率兵抵挡宋西路军，自己带着儿子亲临前线，指挥作战。随即她纵观全局，毅然决定以主力对付宋军东路，在涿州西南的岐沟关将其击败。东路一败，宋中路军难以支持，很快溃退。萧太后又全力对付宋西路军，设伏在陈家谷口，活擒号称"杨无敌"的宋将杨业。

1004年，萧太后亲自率军南攻宋朝，双方对峙于澶州（今河南濮阳）。因为宋真宗亲临前线，宋军士气高昂，再加上辽先锋大将萧挞凛不慎中床弩而死，最终议和退兵，这就是历史上著名的"澶渊之盟"。1009年12月，萧太后去世，史称"承天太后"，其子耶律隆绪亲政，依旧礼敬韩德让，但韩德让不久也去世了。耶律隆绪统治时期，辽朝的政治与经济再上一个高峰，耶律隆绪就是辽圣宗。

辽兴宗和法天太后

从来母子同心，然而出生在帝王家，权力欲却能扭曲甚至彻底毁灭这种人伦亲情，辽兴宗（1016～1055）和其生母法天太后之间所发生的事，就证明了这一点。

齐天后抚养兴宗

辽圣宗耶律隆绪的皇后是平州节度使隗因的女儿，韩德让的外甥女，小名菩萨哥，生得美丽聪慧，12岁被选入宫中，不久就由萧太后做主，册封为辽圣宗的皇后，称齐天皇后。辽圣宗对齐天后宠爱有加，她的生日被称为"顺天节"，举国同庆，宋朝也必须遣使祝贺。然而齐天后连生两个儿子都夭折了，这就给了宫女耨斤以可乘之机。

耨斤也出自萧氏，据说肤色黝黑，目光凶狠。耨斤侍奉萧太后非常尽心，传说她某次帮萧太后整理床铺，捡到一枚金蛋，吃了以后肤色变得异常光润，萧太后感到惊异，说："你一定能生下尊贵的儿子！"后来耨斤果然为辽圣宗生下两子两女，两个儿子一名耶律宗真，一名耶律重元。耨斤因此受封顺圣元妃。

齐天后因为没有儿子，就把宗真领来收养，引起了生母耨斤的极度不满。耨斤时常在辽圣宗面前说皇后的坏话，因为皇后擅长弹奏琵琶，经常召见琵琶乐工燕文显和李睦文，她就污蔑皇后行为不检，私通乐工。然而圣宗极为宠爱齐天后，根本就不相信。太平十一年（1031）六月，辽圣宗病重，即将不久于人世，耨斤在圣宗病榻前服侍，竟然破口大骂皇后。辽圣宗遗命让宗真继位，封齐天后为皇太后，顺圣元妃为皇太妃。但耨斤把遗嘱私藏起来，以新皇帝生母的身份，自己登上了太后宝座，称法天太后。耶律宗真就是辽兴宗。

法天太后弄权

法天太后把自己的兄弟亲戚都安插在要职上，随即掌控了朝政。

既然权力在握，她就开始残忍地报复齐天后，派人诬告北府宰相萧浞卜、国舅萧匹敌谋反，事情牵涉到齐天后，准备将其下狱治罪。辽兴宗前往求情，说："皇后侍奉先帝四十年，养育我长大，理当成为太后。现在不让她当太后也就罢了，怎能再加罪于她呢？"

法天太后说："如果留下皇后，一定会变成后患。"辽兴宗哭着说："她年纪已经老了，又没有儿子，就囚禁在宫中吧，有什么后患？"法天太后根本听不进去，将齐天后囚禁在上京，后又派人给齐天后送去毒药。齐天后叹息说："我的无辜，天下共知。且待我整理一下仪容再死吧。"于是沐浴更衣，然后饮药而死。

法天太后不但专横跋扈，对皇帝也很苛刻。某次辽兴宗赏赐乐工孟五哥银带，高庆郎密报给法天太后，法天太后认为不合礼法，就把孟五哥抓来，狠狠地鞭打了一顿。辽兴宗大怒，让左右侍卫杀死了高庆郎。法天太后派人调查此事，最终牵扯到辽兴宗头上，兴宗恼怒地说："我贵为天子，难道也要像囚徒一样去写供状吗？"

法天太后越来越看不惯辽兴宗，认为他被齐天后教坏了，就和兄弟们商议，想要废黜兴宗，立次子重元为帝。重元素来尊敬兄长，把这个消息透露给辽兴宗，兴宗极为惊恐，就在重熙二年（1033）和耶律喜孙等人合谋，率兵包围了太后寝宫，把法天太后送到庆州去居住。

次年，辽兴宗狩猎经过祖州白马山，看到齐天后坟墓荒芜，杂草丛生，不禁哭泣说："我如果早点下手，你就不会死了呀。"辽兴宗派人选择好地方，把齐天后迁葬过去。

然而法天太后终究是辽兴宗的生母，群臣每每劝说皇帝将其迎回，甚至这样说："从来皇帝和皇太后的生辰，宋朝都会派遣使节前来，送上重礼。现在齐天后已死，法天太后被赶走，宋朝不再送太后生日礼来，咱们可亏了很大一笔啊。"辽兴宗无奈，只得于重熙八年（1039）将法天太后迎回，但母子两人始终不和。

重熙二十四年（1055），辽兴宗去世，法天太后毫无戚容，甚至还对哀哭的兴宗皇后说："你还年轻，何苦如此悲伤呢？"

●包银木马鞍·辽

鞍长56厘米。胎为木质，外镶包贴金银饰。前桥银饰略呈拱形，是辽代马具的代表作。

重元之乱

❀ 时间：1063

耶律重元是辽圣宗次子，兴宗同母弟。清宁九年（1063）七月，重元父子发动叛乱，重元自立为皇帝，并派兵进攻道宗行宫。由于南院枢密使耶律仁先、耶律乙辛等率宿卫士卒反击，政变被粉碎。重元被迫自杀。

🌿 兴宗重臣

兴宗即位初期，法天太后专政，曾谋废兴宗而立重元。重元因向兴宗揭露这一阴谋，获得信任。兴宗并因此得以采取果断措施，一举夺回政权。兴宗亲政后，封重元为"皇太弟"，对他恩宠无比。一次在酒席宴上，兴宗竟微带醉意地许诺，待"千秋万岁"之后就将皇位传给他。从此以后，重元更加骄纵不法，兴宗对此也并无反感。一日，兴宗与重元进行"双陆"博戏。兴宗和重元都以居民城邑为赌注。兴宗手气不佳，连输数城，一旁观战的满朝文武，对这场荒唐的赌博都无可奈何，他们都害怕得罪这位皇太弟。后来，当赌局又要重开时，一个机智的小人物——伶官罗衣轻上前把兴宗制止了，他装腔作势地喝道："双陆休痴，和你都输去也！"他是提醒兴宗，如果再这样如醉如痴地赌下去，保不准连皇位都得输掉。这时，兴宗才如梦初醒，结束了这场荒唐的游戏。

兴宗对重元虽然格外恩宠，但却并没有正式确立他为皇位继承人。这主要是因为他自己有儿子，他要将皇位传给儿子，但是，如果不是其母法天太后在皇位继承问题上多次试图施加影响，以致促使他产生逆反心理，传位重元也并非完全不可能。兴宗是受汉文化教养成长起来的封建帝王，自然会有传子思想。他为抵制重元，极力提高和加强其子洪基的地位，直至重熙二十四年（1055）当他寿终正寝时，洪基得以奉遗诏顺利继位。道宗洪基即位仅两天，就下诏立从前的皇太弟为"皇太叔"。

未立太子，先立"太叔"，这也是中国封建王朝史上绝无先例的。重元并没有打消有朝一日登上皇帝宝座的念头，他在等待这一天的到来。

反叛亡身

清宁七年（1061），重元之子涅鲁古奉调回朝知南院枢密使事，于是他立即抓紧时机鼓动其父重元造反，他向重元献计：诈称患病，待道宗前来探视时，则可抓住机会行弑。但重元当时顾虑尚多，所以未采取这项计谋。九年（1063）七月，重元父子终于等来了一个更方便的时机：道宗要到太子山行猎。重元父子获悉这一消息后，当即就进行了谋反的部署。但是，这一阴谋尚未付诸实施就被敦睦宫使耶律良发现了。他未敢直接向道宗奏报，因为他知道皇帝对重元父子正深信不疑呢。他首先向皇太后秘密报告了此事。太后对此事极为重视，怕走漏了风声，坏了大事，于是假称自己生病，召道宗前来探视。这样，她才有机会将这一消息告知道宗。道宗乍一听说，根本不相信会有这等事，怀疑耶律良奏报不实。太后劝他说："此社稷大事，宜早为计。"但他想不通，如此受他尊崇的皇太叔怎么会与他刀兵相见。他甚至怀疑耶律良是有意要离间他们叔侄之间的骨肉之情。耶律良焦急万分，但毫无办法，他只好在道宗面前发誓，以性命担保自己所言非妄，他劝道宗及早设防，以免坠入重元父子的诡计之中。同时他还建议设计进行验证：召涅鲁古前来，如其不应召，即"可卜其事"。于是，道宗根据这一建议，派使者前往，结果当即被涅鲁古拘禁于帐

●释迦涅槃石雕像·辽

像为汉白玉圆雕作品，刻工精美，释迦佛神态安详，是辽代造像艺术的杰作。

●**二龙戏珠鎏金银冠·辽**

银冠周边压印如意云纹。冠面纹饰浮凸，中央是在云朵上承托一颗大火焰宝珠，左右两侧各有一龙，后肢蹲踞，前肢直立，全身呈蹲坐姿态，翘尾昂首，张口扬鬣，面向宝珠，互相对视，形态生动，庄重而华美。应为辽代契丹贵族的头饰。

下，并欲加害。幸好契丹人随身都佩戴着割肉用的餐具刀，该使者趁看守不备，割断捆绳得以逃出。及至使者赶回行宫奏报了全部经过，道宗对耶律良的情报始确信不疑。这时，他赶忙召来南院枢密使耶律仁先，告以情况紧急，命其设法捕贼。耶律仁先接受命令，嘱咐道宗要谨防敌人来袭，随后，刚要翻身上马，重元即已前来进犯行帐了。

耶律道宗在这突如其来的危急情况面前六神无主了，打算逃往北、南大王院，耶律仁先以为不妥，他认为皇帝此时若舍弃扈从，叛乱分子必尾随其后，这样，很可能就坠入他们的掌握之中了。而且"南、北大王心未可知"，投奔他们，亦未必靠得住。耶律仁先这种担心并非没有根据。这是一次空前严重的危机，跟随重元父子一同谋叛的达官贵人大有人在，其余未反者亦多居心叵测。但是，有数千人之多的宿卫士卒并未发生动摇，他们在许王耶律仁先、知北院枢密使事赵王耶律乙辛、南府宰相萧唐古、北院枢密使事萧韩家奴、北院枢密副使萧惟信及敦睦宫使耶律良等率领下，奋力抵御叛军的进犯。叛军数量虽然不算少，但多是些乌合之众，其中有不少是被重元诱骗来的奚族猎夫，萧韩家奴为使他们了解事实真相，不顾个人安危，只身来到阵前对这些奚人说："汝曹去顺效逆，徒取族灭。何若悔过，转祸为福！"这些受蒙蔽的猎夫听到这番话之后，很快都放下了武器。这时，叛乱头子涅鲁古急了，立刻跃马前来向朝廷方面挑战，企图稳住叛军的阵脚，结果当即为渤海近侍详稳耶律阿思及护卫苏所射杀。算起来，前后只经过一天多的时间，叛乱即被平定，逆党皆遭族诛。首恶分子重元逃入大漠，走投无路，自杀身亡。临死前他哀叹说："涅鲁古使我至此！"

延伸阅读 辽代刑法的类别

辽代刑法之类别有死、流、徒、杖四等。死刑有绞、斩、凌迟之属，又有籍没之法。流刑则罪轻重，分为三等。一是"置之边城部族之地"，如黄龙府、乌隗部；二是"投之境外"，指辽政权直接统治区以外的各属部所在地，如于厥拔离弭河；三是"罚使绝域"，如使回鹘、辖戛斯、吐蕃等。徒刑根据刑期长短分三等：终身、五年、一年半（圣宗时，三犯盗窃者徒三年）。凡判徒刑者，还要施杖刑、黥刑。黥刑主要处置犯盗窃罪和犯奸淫罪者。杖刑，与木剑、大棒、铁骨朵、沙袋、笞、挞是同类的刑罚。木剑、大棒是太宗时制。木剑面平背隆，大臣犯重罪，欲宽宥则击之。沙袋是穆宗时制，用熟皮缝合而成，长六寸，宽二寸，柄长一尺多。有重罪者，以沙袋决之。此外，还有宫刑、拷刑之法，赎铜之法和八议八纵之法。

14 天祚帝亡国

❖ 时间：1125

辽道宗曾因奸臣乙辛的挑拨杀害了皇后和太子。无独有偶，辽末帝天祚皇帝耶律延禧又重蹈他祖父的覆辙，在奸臣萧奉先的欺骗下，害死了自己的爱妃萧瑟瑟和亲生骨肉敖卢斡。

文妃失宠

萧瑟瑟出身于渤海王族，姿色出众，多才多艺。天祚帝初次见到萧瑟瑟便神魂颠倒，不能自已。他将萧瑟瑟带入宫中，藏匿数月。皇太叔和鲁斡知道后，就劝天祚帝明媒正娶，公开纳萧瑟瑟为妃，封为文妃。文妃不久便生子敖卢斡。文妃聪慧娴雅，深得皇帝宠幸。她的儿子被封为晋王。

天祚帝当政时期，辽国内忧外患日趋严重，天祚帝却游猎无度，直言劝谏的忠臣多被疏斥。文妃眼看国势颓危，金国的威胁日益严重，便作歌讽谏："勿嗟塞上兮暗红尘，勿伤多难兮畏夷人。不如塞奸邪之路兮，选取贤臣。直须卧薪尝胆兮，激壮士之捐身；可以朝清漠北兮，夕枕燕云。"又作诗抨击朝政的黑暗："丞相来朝兮剑佩鸣，千官侧目兮寂无声。养成外患兮嗟何及，祸尽忠臣兮罚不明。亲戚并居兮藩屏位，私门潜畜兮爪牙兵。可怜往代兮秦天子，犹向宫中兮望太平。"

晋王遭殃

天祚帝看到这些讽喻诗，不仅没有丝毫悔悟，反而对文妃心生忌恨。文妃姐妹三人，姐姐所嫁耶律挞曷里，妹妹所嫁耶律余睹，都是朝廷重臣。文妃之子晋王武艺高强，对人十分宽厚，在诸皇子中更显得鹤立鸡群，十分能干。当时辽宫中不准内侍读书，一经发现，严加训斥。一次，天祚帝召见王子，晋王到皇宫时看到一个叫茶刺的内侍正在看书，就拿过书来翻了翻。正巧其他王子也来了，晋王便把书藏入袖中带回家，后来悄悄地还给茶刺，关照他小心不要再让人看见。晋王年纪轻轻就懂得隐恶扬善，具有长者风度，在朝廷内外很得人心。文妃自然也希望晋王能继承皇位。

天祚帝的元妃贵哥也生有一子，封为秦王。贵哥的兄长萧奉先为枢密使，封兰陵王。此人外宽内忌，成事不足，败事有余，偏偏受到了天祚帝的赏识。萧奉先想立贵哥所生之子秦王继承皇位，处心积虑要除掉晋王。他诬告文妃

勾结其姐夫和妹夫欲立晋王为帝，尊天祚帝为太上皇。天祚帝信以为真，立即诛杀耶律挞葛里及其妻，逼文妃自尽，以晋王未参与谋立阴谋而不加追究。

当时为辽南军都统的耶律余睹听到消息后，率军投奔女真，借来金兵，杀回辽京。天祚帝十分惊慌。萧奉先对他说："余睹也是辽皇室苗裔，实无亡辽之心。他率兵攻辽，无非是想立晋王为帝。为了国家的命运，皇上还是不惜一子，杀了晋王，让余睹希望成空，他自然也就不战而退了。"天祚帝以为言之有理，就令晋王自缢。有人劝晋王快逃，晋王仰天长叹道："我怎能为了蕞尔之躯而违背父皇的意旨呢？我不能做有失臣子之节的事。"言毕慨然就死。

～ 天祚帝亡国

耶律余睹得知晋王自尽后，更为愤怒，加紧进攻，直逼天祚帝行宫。天祚帝被迫退入深山。金兵未至时，萧奉先曾宽慰皇帝，说金兵不会远离故土，深入辽境。如今落到这种地步，天祚帝方悟萧奉先误国。他对萧奉先说："正是你们父子害得我国亡家破，现在就是杀了你们，又有什么用？你们快离开吧！免得军队哗变，祸及我身。"奉先父子大哭一场，只得离去。没走多远，被手下亲兵拘押起来，送往金营。

金人杀了萧奉先的长子，把奉先和次子萧昱枷往金国。半途遇辽兵，萧奉先父子又被夺回，押送给天祚帝。天祚帝怕留下萧奉先引起兵变，令萧奉先父子自尽了事。

然而，此时辽国的溃败之势已经在所难免，1125年，天祚帝在山西应州被金兵包围。他自知难逃，干脆挺身向前，对金兵说："我就是辽天祚帝！"金兵要用绳索捆他，天祚帝大声喝道："放肆！你们敢绑天子吗？"金将完颜娄室驱马来到天祚帝面前，翻身下马，跪地作揖，称："奴婢不才，乃以甲胄冒犯天威。请陛下下马！"

天祚帝凄然一笑，下马。二百年前由辽太祖打下的基业就这样从马鞍上滚了下来。

●**三彩摩羯壶·辽**

整体造型为摩羯遨游状，仰卧莲花底座，昂首摆尾，背部中空为流口，鳞翅纹理清楚，釉色黄绿相间，造型优美，线条流畅，为辽三彩的上品。

耶律大石建西辽

辽 15

❖ 时间：1124～1143

西辽是辽朝在12世纪30年代被金朝击败之后，由耶律大石在中亚地区创建的强大王朝。西辽疆域广阔，部属众多，历时近90年，在历史上留下了深刻的印迹。耶律大石作为西辽的创建者，在中国历史上足以和耶律阿保机、完颜阿骨打、成吉思汗、努尔哈赤等人齐名，是一个出色的政治家、军事家。

出走西征

耶律大石（1087～1143），契丹族人，学识广博，通契丹文、汉文，自幼善骑射。辽天祚帝耶律延禧天庆五年（1115）中进士，出任翰林承旨。历任泰、祥州刺史和辽兴军节度使。

女真族完颜阿骨打起兵灭辽，天祚帝于保大二年（1122）自鸳鸯泺败走夹山（今内蒙古萨拉齐西北大青山）。皇族耶律淳留守南京析津府（今北京）。耶律大石与宰相李处温等在南京拥立耶律淳为帝，史称北辽。耶律淳称帝三个月后病死，妻萧德妃权主朝政，不久被金兵所杀。耶律大石在居庸关抗金之役中为金军俘获，后逃至夹山见天祚帝。保大四年（1124）七月，天祚帝自夹山率师东伐，打算收复燕、云。耶律大石劝阻，天祚帝不从，于是耶律大石自立为王，率二百骑北走，过黑水，得到

白达达部（汪古部）长的资助，驰至辽西北重镇可敦城。这里本是漠北辽朝治下广大游牧部族之地，未受金兵侵扰。他便在可敦城召集边境内威武等七州和大黄室韦、乌古里、敌刺等十八部部众，组成新军，设官置吏，建立了新政权，策划复兴辽朝。许多突厥部族前来归顺，势力渐增至四万户。不久，他决定西征，行前致书给西州（高昌）回鹘王毕勒哥，要借道西行赴大食（塔吉克，泛指中亚地区），毕勒哥款待三日，赠送马600匹，骆驼100头，羊3000只，送他出境。沿途经过的地方，抵挡者就消灭，投降者就安抚，归附者竟有数国。

建立西辽

保大四年（1124）二月五日，耶律大石在新建的叶密立称帝，改

50

元"延庆",同时采用突厥族称号曰"古儿汗"或译"葛儿汗",这就是中国史上所称"西辽",阿拉伯史家称为"哈剌契丹"或译"喀剌契丹"。不久耶律大石使高昌回鹘成为他的附庸。

这时统治八剌沙衮的东哈剌汗王朝衰弱,属下割录(葛逻禄)部和康里部叛乱,于是便向耶律大石请求援助,并答应将他的整个版图置于耶律大石的统治之下。耶律大石乘机取代了他的统治。延庆三年(1126),耶律大石以八剌沙衮(今吉尔吉斯斯坦的托克马克东南)为都城,称虎思斡耳朵(意为强有力的宫帐)。封易卜拉欣为"伊利克·伊·土库曼",意为土库曼王,并保留其对喀什噶尔及和田的统治。东哈剌汗所辖地区,原有很多屯田的契丹人居住,这使耶律大石得以顺利地拓地立国。耶律大石讨平康里部的叛乱,北向击败了黠戛斯。康国元年(1134)三月,以六院司大王萧斡里剌为兵马都元帅,萧查剌阿不为副元帅,率骑兵七万东征金朝,准备洗雪前仇,至喀什噶尔、和阗后,行程万里,途中牛马多死,被迫还师。

● 舍利金塔·辽

康国四年(1137)五月,耶律大石挥师进攻统治寻思干(撒马尔罕)的西哈剌汗算端(苏丹)马合木汗,败之于忽毡。马合木汗退到寻思干后,重整武备,并求援于其舅父呼罗珊的塞尔柱算端桑贾尔。康国八年(1141)夏,桑贾尔渡过阿姆河,举兵10万来攻,耶律大石率契丹、突厥、汉军迎战于寻思干以北的卡特万。九月九日,桑贾尔大败,全军覆没,遗尸数十里,桑贾尔与马合木汗仅以身免。耶律大石乘胜北攻不哈剌(布哈拉),不哈剌和寻思干的宗主权从桑贾尔手中转到耶律大石手中,耶律大石封马合木汗之弟易卜拉欣为"桃花石汗",并留下一名"沙黑那",监督其统治,于是,西哈剌汗王朝成为西辽的附庸。同年,耶律大石命其将军额儿布思进攻花剌子模。花剌子模沙赫阿即思降服做了西辽的藩属,进贡大量金币、畜产。至此,西辽的疆域已相当辽阔:东起哈密,西至咸海,北达叶尼塞河上游,南抵阿姆河,成为中亚地区的强大帝国。

契丹人的风俗习惯

❈ 时间：907~1125

契丹人"随阳迁徙，岁无宁居"，因此在衣食住行、婚丧习俗和礼仪娱乐等方面体现出了一些鲜明的特色。

衣食住行

游牧的契丹人居住的是便于迁徙的穹庐式毡帐，类似现在的蒙古包。契丹族拜日，又由于北方草原多西北风、北风，所以契丹族毡帐多面向东南。辽朝皇帝和王公、大臣的四时迁徙与普通牧民相似。约在唐末，契丹族开始有居室建筑。辽朝建立后，城邑越来越多。

对于转徙随时的契丹人，出行多骑马或乘车。由于用途不同，契丹人的车种类不一。辽人的绘画和辽墓壁画中，契丹车多有出现，其形制与当时人的记载一致。契丹虽为游牧民族，但其故地有潢河、土河，渔猎生活和洪水泛滥，致使早期契丹族也离不开舟船。

契丹人的食物以乳肉为主，除家畜牛、羊外，野猪、狍、鹿、兔、鱼等猎获物也是食物来源。辽朝不产茶，茶叶是通过贸易和宋朝的赠礼传入的，契丹贵族颇好饮茶。契丹在举行礼仪、欢庆、游乐、接待使节和恩赐下属时，往往饮酒为乐。

契丹的传统服饰有"胡服"、"国服"、"番服"等不同称谓，其中包括冠帽、衣裤、靴袜和带饰。皇帝和南面官着汉服，皇后和北面官着胡服。又有祭服、朝服、公服、常服、田猎服之别。服装特征，一般都是左衽、圆领、窄袖。袍上有疙瘩式纽襻，袍带于胸前系结，然后下垂至膝。契丹人男女皆佩戴耳环。同乌桓、鲜卑人一样，契丹族也有髡发的习惯。

婚丧习俗

辽朝建立之前，契丹实行群婚与族外婚。辽朝建立后，太祖及其

● 绿釉刻花凤首瓶·辽

后继者就婚姻问题颁布过一系列法令，最重要的是确立了王族、后族两姓世婚制；严格执行"族外婚"制度，大多数人过着一夫一妻的生活。但长期以来耶律氏和萧姓之间互相通婚，所以不计辈分，以致表亲联姻、辈分混乱的现象较严重。

唐时，契丹人行树葬、火葬。将尸体置于山树上，三年收骨焚化。当时虽无坟墓，但把火化后的遗骨集中埋葬于黑山。此外，契丹还始终保存"拜山礼"，即"祀木叶山仪"，人们面向此山，祭拜祖先亡灵。辽建国后渐行土葬，无坟墓的习俗逐渐被废除。早期多为单室墓、石棺；中期以多角形为主，石木、砖木混合结构，室内多筑有尸床、尸台，并有多室墓和装饰性结构出现。辽朝晚期，多室墓普遍，结构更复杂。贵族墓葬多有墓志。圣宗之前尚有人殉遗风。

受佛教影响，辽朝的汉人和契丹人死后，有的用柏木雕成人形（真容木雕像），中空，尸体焚化后，将骨灰储入真容胸腔中。追念死者有烧饭之俗。烧饭多于既死、七夕、周年、忌日、节辰、朔望诸日举行。筑土为台，或掘地为坎，上置大盘，盛酒食并焚化，以供死者在另一个世界里享用。凡死者生前所用衣物、弓矢、车马、珍玩等物皆可奉祭。

礼仪娱乐

再生仪和祭山仪是契丹独具特色的仪式，终辽一代不辍。遥辇氏联盟的首领，辽朝的皇帝、执政的皇后和皇储可行再生礼，于本命前一年季冬之月择吉日举行。先于御帐禁门北设再生室、母后室、先帝神主舆。行礼时，将童子和接生老妇置于室中，老叟持箭囊立于门外。先从神舆中取出先帝神主，祭奠。皇帝入再生室，除去朝服，与童子徒跣（脚）俱出，模仿初生时的情景。然后，拜先帝御容，宴饮群臣。这一礼仪创于遥辇阻午可汗时期，以使人重温初生时的情景。

契丹人一年四季有各种节日庆典。二月初一为中和节，六月十八是伏日，契丹互通婚姻的耶律和萧两姓间选择这两个节日宴请对方。正月十三是放偷日，"放国人做贼三日，如盗及十贯以上，以法行遣。"放偷日反映了原始社会公有制的遗风。

契丹人的游戏与娱乐活动，既有游牧民族的特色，也受汉人、渤海人的影响，击鞠、围棋、双陆、彩选格等都是契丹人喜爱的活动。

中国社会科学院近代史研究所·韩志远教授

公元1038年~公元1227年

西夏是中国历史上以党项族为主体建立的王朝，建都兴庆府（今宁夏银川），其创建者为夏景宗李元昊。

党项族原属于羌族的一支，居地在今青海东南部黄河曲一带。从唐末经五代到北宋，党项拓跋氏均以中原王朝节度使的身份统辖以夏州（今陕西横山）为中心的五州之地。经过李继迁（元昊之祖父）、李德明（元昊之父）两代人的艰苦努力，实施依辽和宋、用兵吐蕃与回鹘的战略，向西发展，占领西凉府（今甘肃武威）、甘州（今甘肃张掖北）、瓜州（今甘肃安西东）等州，控制了河西走廊，为李元昊的称帝建国打下了坚实的基础。

宋仁宗天圣九年（1031），李德明死，李元昊继位，不再接受封号，改姓嵬名氏。随后，李元昊实行变发式、定服饰、造文字、简礼仪、立官制等一系列改革，并升兴州为兴庆府，扩建宫城，准备建国称帝。宋仁宗景祐元年（1034），他开始不断向宋发动攻势，在府州（今山西府谷）、环州（今甘肃环县）、庆州（今甘肃庆阳）等地击败宋军。

宋仁宗宝元元年（1038），李元昊正式称帝，改元天授礼法延祚元年，国号大夏，史称西夏。西夏疆域，东临黄河，西界玉门关（今甘肃敦煌西小方盘城），南接萧关（今甘肃环县北），北抵大漠。盛时辖地二十二州，包括今宁夏及陕西北部、甘肃西北部、青海东北部及内蒙古部分地区。西夏共历十帝，前后一百九十年。与辽、北宋及金、南宋先后鼎立。

西夏的政治制度受宋朝影响很大，官制的设置基本上模仿北宋。中央行政机构有：中书省、枢密院、三司、御史台、开封府、翊卫司、官计司、受纳司、农田司、群牧司、飞龙院、磨勘司、文思院、蕃学、汉学等。地方行政编制分州、县两级，在特殊的政治中心和军事国防要地有时也设郡、府。

西夏的军事制度是在党项的部落兵制的基础上吸取宋制而发展起来的。枢密院是西夏最高的军事统御机构，下设诸司。军队由中央侍卫军、擒生军和地方军三部分组成。中央侍卫军包括"质子军"、皇帝卫队和京师卫戍部队。"质子军"人数约5000人，是由豪族子弟中选拔善于骑射者组成的一支卫戍部队，负责保卫皇帝安全，号称"御围内六班直"，分三番宿卫。另有皇帝亲信卫队3000人，是从境内各军中精选出来的强勇之士组成，皆为重甲骑兵，分为十队，每队300人，随皇帝出入作战。京城地区还屯驻一支训练有素的卫戍部队，共2.5万人，装备优良，是中央侍卫军的主力。擒生军人数约10万，是西夏的精锐部队，主要任务是承担攻坚和机动作战，因在战斗中生擒敌军为奴隶，故此得名。西夏的地方军由各监军司所辖，共有50万人，军兵种主要是骑兵和步兵两种。西夏兵役制度是全民皆兵制，平时不脱离生产，战时参加战斗。

党项族原来主要从事畜牧业和狩猎，通过学习汉族先进的农业生产技术，农业经济得到迅速发展。到西夏建国时，农业生产已成为西夏社会经济的主要部门。西夏建国后，景宗李元昊更加重视农业生产的发展，大力兴修水利工程，并亲自主持修筑了从今青铜峡至平罗的灌渠，世称"昊王渠"或"李王渠"。以后，兴庆府、灵州一带，一直是西夏粮食生产的主要基地。在发展农业的同时，西夏统治者也较重视畜牧业生产。国家专门设立群牧司负责畜牧业的管理。西夏的畜牧地区主要分布在横山以北和河西走廊地带，牧养的牲畜以羊、马、驼、牛为主，还有驴、骡、猪等。由于农、牧业的发展，社会生产力的迅速提高，西夏的手工业生产和商业贸易也随之迅速发展起来。西夏的冶炼、采盐制盐、砖瓦、陶瓷、纺织、造纸、印刷、酿造、金银木器制作等手工业生产也都具有一定的规模和水平。

在西夏统治者的倡导下，党项族是同时期接受汉文化较多的一个民族。可以说，西夏文化的核心是儒家文化。

西夏于末帝宝义二年（1227）被蒙古所灭。

党项的兴起

17

❀ 时间：7世纪中叶～1031

党项，又称党项羌，是中国古代北方民族——羌族的一支，原居青海东南部黄河曲一带。公元7世纪中叶，党项向西北迁徙，各部分散居于广大的西北地区。从唐末、五代到北宋初，受到中原王朝所封的党项拓跋氏夏州藩镇割据势力不断增强。到北宋建立后，逐步脱离宋王朝的统治，建立了自己的政权——西夏。

🌿 党项族的变迁

公元7世纪初，党项仍处在氏族社会趋于解体的历史阶段。在辽阔的草原上，他们按姓氏结成大小不同的部落，各自分立，互不统属，过着游牧狩猎的生活。

唐王朝建立后，汉族封建王朝对党项采取羁縻政策，授予党项部落首领以官职，让他们统治本族人民。党项逐渐归入唐王朝的版图。7世纪中叶，吐蕃日益强盛，从雅鲁藏布江向东延伸。党项各部受到严重威胁，开始陆续向北迁徙。唐太宗时期，一部分党项人迁到岷江上游和今甘肃东部、宁夏回族自治区和陕西以北一带：聚集在庆州附近的党项人称为东山部，聚集在夏州地区的称为平夏部。还有一部分党项人被吐蕃统治。

随着游牧、迁徙，党项人同汉族人民有了更多的接触，逐渐发展农耕，向半牧半农的经济生活过渡。尤其是东迁到今甘、陕一带的党项人，农耕得到了很好的发展，人口也有了明显的增长。

● **褐釉剔花瓶·西夏**

瓶敞口，外撇，短颈，肩以下渐敛，宽圈足，砂底，器身开光剔牡丹纹，纹饰雕琢细腻流畅，颇具艺术性。

●西夏王陵

　　唐朝末年，黄巢农民起义爆发。

　　衰败的唐王朝统治者利用党项人来镇压起义。平夏部的强大部落拓跋部参与了镇压黄巢起义。

　　唐中和元年（881），黄巢起义失败，平夏部的首领拓跋思恭被封为夏州节度使，统治夏州、绥州（今陕西绥德）、银州（今陕西榆林）、宥州（今陕西靖边）和静州（今陕西省米脂县境）等五州之地，形成割据之势。中和四年（884）七月，唐朝升其为夏国公，并赐"李"姓。至此，夏州地区的党项拓跋氏成为了名副其实的唐朝藩镇。

　　天祐四年（907）唐朝灭亡，中国进入了"五代十国"的分裂割据时期。党项族的活动范围扩大到河套地区，并向河西走廊扩展，同原来的吐蕃、回鹘、汉人相接触，进一步促进了彼此的融合、发展。

西夏建立前的党项

　　宋建隆元年（960），北宋建立。夏州党项李氏由先后依附梁、唐、晋、汉、周及北汉王朝而开始向宋靠拢。为了避免宋朝的威胁，极力向宋朝讨好，朝贡不断。

　　太平兴国七年（982），夏州党项首领李继筠死，党项贵族内部因

● 西方三圣接引像 · 西夏

84.8厘米×63.8厘米，此像出自黑城遗址，堪称关于阿弥陀佛信仰的绝好图解。画面左下方作党项人装束的即为像主，他在临终之前正在虔诚地合十祈祷，阿弥陀佛受其念佛的感应，亲率观世音、大势至两位菩萨捧莲台迎接像主往生。莲台左侧的童子表明像主通过莲花化生，已经具备了前往极乐世界的资格，画面上方的巍峨金碧的殿宇、不鼓自鸣的乐器无疑象征了美好的净土佛国。

继承问题发生内讧。新任定难军节度使李继捧被迫向朝廷献出了统治300年之久的夏、绥、银、宥、静五州，他和他的族人也被迁到京师居住。宋太宗对李氏恩宠有加，先是赏赐银钱和绢帛，然后又赐给他彰德军节度使的官职。端拱元年（988），宋太宗再赐李继捧"赵"姓，并更名为"赵保忠"，赏赐了大量的金银锦帛。

党项族不断地发展、壮大。随着私有财产的日益膨胀，党项首领与北宋王朝的矛盾也开始加剧。李继捧虽然归附宋朝，但族弟李继迁在契丹贵族的挑唆下，经常在夏州一带抢掠。辽朝在北汉政权瓦解后，就想勾结党项来夹击宋朝。淳化元年（990），辽朝封李继迁为夏国王，在这之前还把皇室义成公主嫁给了他。辽朝不断地用结盟、通婚、封王的方法，把李继迁当做棋子来牵制宋朝。与此同时，宋朝则令李继捧回镇夏州，收抚李继迁。李继迁与李继捧，各受辽、宋王朝的支持和挑唆，时和时战。李继捧最终遭到李继迁的袭击，逃回宋朝后被囚禁。宋朝毁弃夏州城，李继迁遁居沙漠。

至道二年（996），李继迁在辽朝的支持下，围攻灵州（今宁夏回族自治区灵武）。党项族人勇猛善战，骑射精通，宋军在沙漠中不敌，损失惨重。咸平五年（1002），李继迁重兵攻占了灵州，改称西

平府。灵州是宋代西北交通的据点，也是黄河上游沿岸沙漠地带最肥沃的地区。宋朝不愿丢失灵州，双方不停地展开激战。同一年，已归附宋朝的吐蕃首领潘罗支诈降，暗中集结兵力数万人，乘李继迁不备，大败李继迁。李继迁中箭逃回西平府，景德元年（1004）元月，箭创发作身亡，其子李德明继位。

李德明继任之时，辽、宋间的关系非常紧张。宋朝为了全力对付辽朝的威胁，对党项只能采取笼络的手段。

景德三年（1006），宋真宗封李德明为平西王，授以定难军节度使的虚衔。随后又赏1万匹绢，3万贯钱，1万两白银，2万斤茶叶。景德四年（1007），宋朝在边境保安军（今陕西志丹）开设榷场，发展双方贸易。汉人用精美的缯、帛、罗、绮等丝织品和粮食换取党项的马、牛、羊、骆驼、毡、毯；用瓷器、生姜、甘草来换取党项的蜜蜡、麝香、羚角、肉苁蓉、红花、翎毛等。

李德明在位近30年（1004～1031），边境的贸易得到了长足发展，出现了"商贩如织"的盛况。党项的社会经济也稳步地发展起来。

具有远见卓识的李德明，在休养生息的同时，积极地进行各项筹备。他同时向宋、辽称臣，接受着接踵而来的封王晋爵：辽封李德明为夏国王；宋则升李德明为中书令，加太保、太傅，又加赐只有亲王和重臣才能赐予的"崇仁功臣"号。随后，辽封李德明尚书令，晋大夏国王，并与其子李元昊联姻。宋朝亦再次加封李德明为夏王。

宋、辽对党项的安抚政策，助长了李德明割据一方、建国称帝的欲望。他开始厉兵秣马，积极地进行各种准备。

大中祥符九年（1016），李德明追尊其父李继迁为"太祖应运法天神智仁圣至道广德光孝皇帝"，庙号"武宗"。宋天禧四年（1020），李德明采纳部下建议，由西平府迁都怀远镇，改名兴州，正式建立都城。宋天圣六年（1028），李德明册立子李元昊为太子，立李元昊的生母卫慕氏为皇后。其出行的规模仪仗，也和宋朝皇帝基本等同。

明道元年（1032）十月，李德明病逝。

他虽然没有来得及登上皇帝的宝座，但已经为大夏国的建立做好了一切必要的准备。

18 李元昊建西夏

❀ 时间：1038

李德明病逝后，其子元昊在兴州（今宁夏银川）继位。元昊是一位已经封建化的党项族领袖。他自幼好读书，接受汉族的进步文化，通晓汉、藏两族文字和语言。李元昊少年时即善于思索、谋划，对事物有着独到的见解。

李元昊，小字嵬理（党项语"珍惜富贵"的意思）。后更名曩霄，他就是后来建立西夏的夏景宗。

❧ 少年老成

李元昊生于宋咸平六年（1003）五月初五。出生的第二年，他的祖父李继迁就去世了。少年时的李元昊是在一个比较平和的环境中成长起来的，受过很好的教育，文武双全，智谋过人。他对父亲李德明奉行的睦宋政策很不理解。父亲李德明曾对他说："我长期以来领兵作战，已经感到疲惫了，我们这个部族三十年来身穿锦绣，享受富贵，这是宋朝的恩惠，不能辜负呀！"元昊反驳父亲道："身穿皮毛，从事畜牧，是我们部族的天性，英雄的出现，应当做一番称王称霸的事业，哪里只能为了锦绮呢？"时任宋朝边将的曹玮，十分仰慕元昊的风采，却总是无法见到。于是派人暗中偷画了元昊的图影，得见人物样貌后，由衷地惊叹："真英雄也！"

宋天圣六年（1028），李德明进攻甘州（今甘肃张掖）回鹘政权。时年24岁的元昊在战役中崭露头角。以甘州为中心的回鹘政权和占据西凉的吐蕃都是宋朝挟制党项的盟友，李德明为了使西夏政权得以巩固和发展，便以攻占河西走廊为战略，进兵回鹘。元昊担

● 彩塑罗汉像

像高65.5厘米，宽38厘米，1990年出土于宁夏贺兰县宏佛塔。

● 泥金书西夏文佛经册页·西夏

当西攻的重任。他用突袭的方式，使回鹘可汗来不及调派兵力，甘州城即被攻破。随后，瓜州（今甘肃安西）、沙州（今甘肃敦煌）也相继归附西夏。在班师回朝的途中，元昊又以声东击西的战术，一举突破西凉。夺取甘州、西凉的胜利，使党项的势力扩展到了河西走廊。元昊也因战功显赫而被册封为太子，赢得族人的广泛赞誉。

新的西夏王朝

明道元年（1032），李德明病逝。元昊以太子的身份和卓越的军事才干取得了党项政权的最高统治权。此时的西夏国土，东起黄河，西至玉门关，南接萧关，北临大漠，方圆两万余里，与宋、辽形成了三足鼎立的局面。

元昊继位后，不断向河西扩展，迅速控制了全部河西走廊和今甘肃东南地带。在这片广袤的土地上，生活着回鹘、吐蕃及大多数的汉人。先进的汉人生产技术带动了少数民族从事农业生产，使得甘州和西凉一带，既是放养良马的牧场又是肥沃的农业生产区。

元昊为了强化民族意识，增强党项族内部的团结，首先放弃了唐、宋王朝赐封给其祖的李姓、赵姓，改姓嵬名，称"兀卒"（青天子）；元昊自认是鲜卑拓跋氏的后代，为遵从祖先保持旧俗，下令秃发。他率先剃发并穿耳戴重环饰，以作典范。秃发令颁布三日，限期内不秃发者，一律处死。党项民众纷纷效法。

明道二年（1033）五月，元昊改兴州为兴庆府，大兴土木，扩建宫城殿宇。他吸收汉族知识分子，仿照中原王朝的礼仪，设立文武百官。皇帝之下的中央政府机构设立中书省、枢密院、三司、御史台、开封府、翊卫司、官计司、受纳司、农田司、群牧司、飞龙苑、磨勘

● **大佛寺涅槃像**

此造像存于甘肃省张掖市大佛寺，是一尊全国最大的室内卧佛，卧佛塑于西夏永安元年（1098），木胎泥塑，金装彩绘，身长34.5米，肩宽7.5米。

司、文思院、蕃学、汉学等。职责、制度与宋代官制基本相同。元昊委派党项人和汉人共同担任各级官员，封党项贵族功臣为"宁令"（大王）、"谟宁令"（天大王），后来又实行中原王朝的封王制度。规定文官戴幞头（帽子的一种）、着靴、穿紫色或红色衣服，执笏板；武官则在冠帽上区别等级。无官职的庶民百姓穿青、绿色的衣服。

为了进一步确保新政权的稳固与安全，元昊还建立了一支50余万人的骑兵队伍，以兴庆府为中心，向外呈三角状辐射，对宋、辽及吐蕃和回鹘进行防卫。

从1032年即位，元昊用了6年时间为建国称帝做准备。

西夏大庆三年（1038）十月，元昊在兴庆府南郊筑祭坛，在亲信大臣的拥戴下，即皇帝位，国号"大夏"，改元天授礼法延祚。西夏王朝正式建立。这一年，元昊35岁。新兴的王国巍然屹立在大宋朝廷的西侧，与辽、宋形成了分庭抗礼之势。

兴盛的西夏文明

党项族在内迁之前主要以畜牧和狩猎为生，逐水草而居，没有固定的住所。

随着民族融合的发展，党项人学会了农业生产。农业渐渐成了党项社会中的主要生产部门。在汉唐以后，开始屯田，兴修水利；李继迁占领灵州时下令修筑黄河堤坝，开凿疏通汉唐旧渠，引水灌田；元昊建国，又修筑了自青铜峡至平罗的水利工程，后人称之为"昊王渠"或"李王渠"。党项人使用的农业生产工具也呈现出多样的色彩，犁、铧、镰、锄、锹、耧、耙、碌碡、碓等，不一而足。用这些工

具，党项人收获了大量的农作物，麦、大麦、荞麦、芥菜、香菜、茄子、胡萝卜、葱、蒜等，种类繁多。随着农耕经验的日益丰富，即使在遇到灾荒或者贫瘠的状况时，党项人依然能够从容应对。

从事农业生产后，西夏的畜牧业、手工业也有了长足进展。

国家机构中增设了金作司、刻字司、织绢院、出车院等。在各类手工业生产部门中，到处可见党项工匠的身影。西夏还开设了大量固定的集市，扩大民间贸易的规模。由于北宋王朝同中亚的贸易，陆路必须通过西夏地区，因此西夏的商业贸易十分活跃。西夏政权适时地设立了通济监，管理钱币的发行，使市场流通更趋于规范。

党项族以前没有文字，在内迁之前，还处于原始文化发展阶段；内迁之后，吸收了包括汉族在内的各民族文化成分，博采众家之长——先是用自创的西夏文研读汉人的书籍，翻译大量经典著作：《论语》、《孟子》、《孙子兵法》、《贞观政要》以及佛经《华严经》、《妙法莲华经》、《大般若波罗蜜多经》、《金刚经》等，随后又兴办太学，推崇孔子的儒家学说。

●喜金刚像·西夏

汉族的文化和宗教思想在西北边区得到了广泛的传播。

◆ **延伸阅读** 《蕃汉合时掌中珠》

《蕃汉合时掌中珠》为西夏仁宗乾祐二十一年（1190）西夏学者骨勒茂才编写。该书共50页，以事门分类。作者在每一词语条目旁边都列有西夏文、汉译文、西夏文汉字注音、汉译文的西夏文注音，检阅极为方便。该字典是党项人、汉人学习对方语言必备的工具书，也是初学西夏文的入门工具书。

19 宋夏之战

❈ 时间：1040～1044

西夏国建立后，李元昊没有像历史上的开国之君那样实行轻徭薄赋、与民休息政策。为了能够掠夺到更多的邻国财富，转移统治阶级内部的矛盾，并迫使宋朝承认他所建立的大夏国，他发动了一连串的对宋战争。其中大战三次，使夏宋两国人民都遭受了深重的灾难。

三川口之役

天授礼法延祚三年（1040）正月，李元昊集中了10万优势兵力，发动了著名的三川口之战。

三川口，在今天的陕西省境内，即延川、宜川、洛川三条河流的汇合处。

这次战争的激战地点虽然在三川口，但元昊的主攻目标却是延州（今陕西延安）。之所以选择延州，是因为此处最容易突破宋军针对西夏的防线。相对其他壁垒坚固的地带，此处开阔辽远，防守薄弱，而且守将延州知州范雍怯懦无谋，都巡检李士彬贪暴，皆非军事指挥良将。

想要攻取延州，其外围的重要军事地点金明寨必先攻克。

镇守金明寨的将领正是李士彬。他是党项族人，勇猛善射，统领着18寨近10万羌兵，被延州人称为"铁壁相公"。

为了拿下金明寨，铲除李士彬，元昊费尽了心思。

他先用反间计，企图借宋人之手，轻取李士彬首级。他派人将书信、锦袍、金带投置在金明寨境内。书信说明，准备约同李士彬叛宋。不料计谋被鄜延副

●十二时辰歌注解卷·西夏

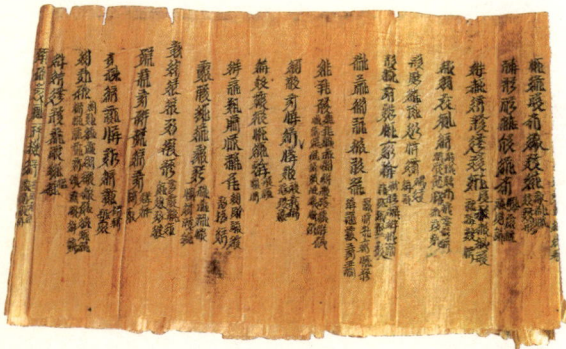

都部署夏随识穿。当有人怀疑李士彬对宋不忠时，夏随辩解道："这是夏人用的反间计。李士彬与党项世代结仇，如果私下有约定，通赠遗，哪能让众人知道呢？"

元昊又用诱降之策，许以高官厚禄。结果李士彬怒斩来使，诱降之计亦败。

在接连碰壁之后，元昊再用诈降之计。

他派党项部族向李士彬佯装投降。李士彬接纳，并禀告知州范雍。范雍重赏李士彬，表示赞同。于是"投降者"络绎不绝。不久，元昊又派衙校贺真到延州诈降，很快就取得了范雍的信任。

贺真到金明寨后与诈降的党项部落取得联系，准备里应外合。

见时机成熟，一切准备停当，元昊立即用突袭的方式出兵包围了金明寨，发起猛攻。原来诈降的士兵，群起响应。

● **文殊天王像·西夏**

李士彬闻讯，立刻披挂准备迎敌。由于好的马匹早已被调换，无法冲出重围，李士彬被内应者生擒，其子李怀宝也一同被捉。

元昊顺利占据了金明寨，并乘胜进攻延州。

延州又称赫连城。其城墙依山而建，地势险峻，易守难攻。

然而，此时延州城内只有铃辖内侍卢守勤率领的士兵数百人在镇守，兵力单薄。知州范雍急调在庆州的鄜延副总管刘平率兵增援，刘平星夜兼程，与石元孙等其他大将率领的几路人马相继赶到，在三川口以西安营扎寨。

元昊早已在三川口布下阵局，等待援军入瓮。

发现敌军已布下埋伏后，刘平立即指挥宋军奋力迎战，准备冲出包围。

激战中，刘平受伤，军队大乱。元昊见状立即以轻骑兵袭击宋军，

宋军不敌。大将郭遵战死，刘平率领残部退至西南山下，设卡驻守。

深夜，元昊派士兵向刘平喊话，问："主将在哪里？"刘平命部下不答。入夜四更，元昊派士兵大呼："这么点残兵还不投降？"黎明时分，元昊再派士兵大呼："你们投降不投降？不投降的话，全部都得死！"军心大乱。

元昊率兵从山后发起攻击，刘平战败，与石元孙同时被俘。

三川口之役西夏大获全胜。

元昊随后攻打延州城，未能攻克。

此时，西夏其他各路军队战败的消息不断传来，加上寒冬来临，天降大雪，夏军补给不足。元昊无心再战，下令撤军。

延州之围被解。

好水川之役

从延州撤军后，元昊将大军驻扎在金明寨，准备以之为基地，待扫清后路，再次攻宋。

宋朝则在三川口大败后，重新认识了西夏的国力，积极采取应对措施。

宋仁宗先是撤换了败军之将范雍，将临阵脱逃的守将黄德和斩首，然后提拔户部尚书夏竦为陕西都部署兼经略安抚使，韩琦、范仲淹为陕西经略安抚副使，让他们共同管理军事防务。在做好了一系列防备工作后，宋军严阵以待。

天授礼法延祚四年（1041）二月，元昊再次发起对宋的进攻。

他亲自率领10万大军，从天都山出发，深入宋境。直奔韩琦统领的泾原路主力。韩琦得知西夏大军已经到达怀远城（今甘肃平凉以北）后，急忙派大将任福领兵应战，同时又任命耿傅为参军，桑怿为先锋。令钤辖朱观、都监武英、泾州都监王珪等各率所部，在任福的指挥下，共同抵御夏军。

为了确保对夏战争的胜利，韩琦召见任福，命

●西夏文医书·西夏

西夏文记载的治疗伤寒病的医方。1972年甘肃武威张义乡西夏修行洞出土。

其率军从怀远城出发向西到德胜寨，向南到羊牧隆城，迂回敌后，以逸待劳伺机伏击，断其后路。临行前，韩琦再三叮嘱任福："苟违节制，有功亦斩。"

元昊到达怀远城后，从谍报获悉宋将任福已经带兵向北进发，于是命大军趁夜色朦胧，向西南方向推进，在羊牧隆城南、瓦亭川东山地摆好阵势后，静待任福大军的出现。

宋将任福和先锋桑怿、参军耿傅等率领轻骑数千，翻过六盘山，到达笸头山西麓时，遇上宋将常鼎、刘肃与夏军正在酣战。他不知是计，随即参战，斩西夏兵首级数百。夏军丢盔弃甲，抛下牲畜，假装败逃。桑怿、任福随后追赶，当晚，驻扎在好水川。

与桑怿、任福相隔五里远的地方，是好水川支流笼络川。宋将朱观、武英在此驻扎，与桑怿、任福约好明日在好水川会师，一举歼灭夏军。

●耀州窑凸花莱菔尊·西夏

佯装败逃的夏兵，一直与宋军保持四五里的距离，引诱其追赶。任福兵分两路穷追不舍。第二日，朱观军在北，任福军在南，沿好水川继续追赶，一直追到笼竿城北，发现中了元昊的诱兵之计。

任福大惊，准备冲出包围，率兵沿好水川向西奔逃。

出六盘山后，士兵在路边发现了很多密封的泥盒，内中有跳动的声音。宋兵大奇，打开后，数百只系哨的鸽子冲天而起，在宋军上空久久盘旋。

一直静候的元昊见鸽子飞起，知道宋军进入埋伏圈。决定用分割包围的战术歼灭宋军。他命将军克成赏率领5万人马围攻正在驻扎的朱观、武英所率的宋军；自己则亲自率部围歼任福、桑怿等军。

任福等率军准备决一死战。不久，人困马乏，饥渴交迫，渐渐不支。任福下令突围，

●西夏王陵

西夏王陵位于宁夏回族自治区银川市西约30千米的贺兰山东麓，是西夏王朝的皇家陵寝。在方圆53平方千米的陵区内，分布着9座帝陵，253座陪葬墓，是中国现存规模最大、地面遗址最完整的帝王陵园之一。

宋军左冲右突，没能破围而出。桑怿力竭战死，任福被夏兵围困，身中十余箭，血流如注。见大势已去，宋军小校刘进劝任福投诚自免，任福叹道："我身为大将，战败了，只有以死来报效国家！"于是挥动兵器四棱方铁铜，挺身决斗。面部中枪后，任福无法再战斗，以手扼咽喉自尽，其子怀亮也战死。

在任福军被困突围的同时，朱观、武英的部队也陷入重围。

两军隔山虽然只有五里，却早已失去了联系，彼此不知对方的情况。

夏军分左右两翼包抄朱观、武英。幸好王珪率领千余步兵及时赶到

增援，渭州都监赵津率骑兵也同时到达，才摆脱被围的困境。

宋军将四路大军合兵一处，准备向夏兵发起反攻。这时，元昊歼灭任福部后，从背面杀来。宋军顿时腹背受敌，乱作一团。王珪、赵津、武英、耿傅均战死，只有副将朱观率领1000余人，退守一处围墙之内，四向拼杀，得以幸免。

夜幕降临，元昊领军退去，宋军伤亡7万。

好水川之役，宋军损失惨重，任福以下几十名将校全部战死。宋廷震惊。仁宗撤去了夏竦的职务；韩琦被贬为秦州知州；赠任福为武胜军节度使兼侍中，王珪、赵津、武英、桑怿等均赠官，以告慰英灵。

西夏大获全胜，元昊踌躇满志。战斗结束后，命随军参谋张元题诗以记之：

"夏竦何曾耸，韩琦未足奇。

满川龙虎辈，犹自说兵机。"

诗的落款为"太师、尚书令兼中书令张元随大驾至此题"。对宋廷的外强中干、不堪一击进行了辛辣的嘲讽。

这次战役后，元昊将军队驻扎在天都山休整。

定川寨之战

天授礼法延祚五年（1042）闰九月，经过休整的元昊又一次发动了对宋的大规模作战。

这次元昊的主攻目标为镇戎军（今宁夏固原），决战地点选在定川寨。

定川寨在镇戎军西北面，"西控六盘山一带，太平兴国中置，东至州四十里，西赵林寨二十里，西南仪州制胜关三十里，北至山寨五十里"，地势十分险峻，是宋廷得以拒险的重要关隘。

好水川之役后，宋廷完全采取守势，将频发战事的今陕西地区划分为鄜延、环庆、泾原、秦凤四路。大力提拔军事骨干，加强防务：以范仲淹知庆州，韩琦知秦州，庞籍知延州，王沿知渭州，分区守防，各司其职。

宋廷划分的四路中，泾原平坦辽阔，无险可守，是最为薄弱的地域。元昊所以选择泾原为突破点，因为这里除了地形有利外，渭州知州王沿既不熟悉边事，也不是一个具备指挥才能的人。

这一年，元昊采纳宰相张元的建议，从天都山出发，向南行进，准备攻取镇戎军后，经渭州深入关中。

元昊集合10万兵马，分两路进军。一路奔刘璠堡（今宁夏海原西南），一路奔彭阳城（今宁夏固原东北），准备分进合击，于镇戎军会师。

知州王沿得悉西夏军从天都山大举出动，忙派泾原路总管葛怀敏率兵据瓦亭寨拦击夏军。按照王沿的部署，葛怀敏将在第背城安营扎寨，诱敌深入，伺机出击。然而，葛怀敏率领缘边都巡检使向进、刘湛几名部将行至瓦亭寨时，没有遭遇夏兵，于是擅作主张，领兵向养马城进发。与此同时，镇戎军统领曹英、泾原路都监李知和、王保、王文、镇戎军都监李岳、西路都巡检使赵珣等也都领兵前来会合。此时谍报元昊军已进入镇戎军界，部将

●女像石座·西夏

宁夏银川西夏王陵区五号陵的碑亭遗址中部出土，红砂石质。此像出土时共4件，并排成一行。

建议葛怀敏说："敌人远来，利于速战速决，他们人数众多，势不可挡。现在的办法，应当以奇计制之，应该依靠马栏城布置栅栏，切断敌人退路，固守镇戎城，来保障粮饷通道，等到敌锐气衰竭了再去进攻，才能取得胜利。不然的话，必定会打败仗。"葛怀敏没有采纳。并下令兵分四路——向进、刘湛出西水口，曹英、李知和出刘璠堡，泾原路都监赵珣出莲花堡（今甘肃隆德西），葛怀敏自己率军进击定西堡，四路并进，会师于定川寨。

葛怀敏并不擅长军事指挥，他的这种部署正中元昊心意：为了诱敌深入，元昊早已在定川寨做好一切准备，只等葛怀敏的主力到来。为了能全歼宋军，元昊还下令烧毁定川寨后面定川河上的木桥，断绝宋军退路；又派人切断流经定川寨的水道，使宋军无水可饮。

● 大铜印·西夏

葛怀敏一到达定川寨，立即陷入埋伏，遭夏兵迎头痛击。

元昊亲率精锐部队，将葛军重重包围，分割围剿。混战之时，狂风大作，飞沙走石。会合于定川寨的几路宋军乱作一团，纷纷向西南寨内逃亡。葛怀敏的军队也争相强挤奔入寨内，元昊趁乱率军掩杀，宋兵自相践踏，死伤无数，葛怀敏被踩踏得昏死过去，幸好这时赵珣的骑兵赶到，击退夏军，葛怀敏等才得以逃入瓮城之内。

夜晚，葛怀敏与诸将商议向外突围。

葛怀敏引军退到长城边，发现道路已被夏兵截断。宋军再次陷入夏兵的重围之中。元昊率军四面夹击。葛怀敏、曹英等十余人全部战死。宋兵残部、马匹全部纳入元昊囊中，成为战利品。

定川寨之战，西夏又一次取得决定性的胜利，并趁势挥师直捣渭州、攻城略地，最后满载而归。

连战连捷，西夏劫掠到了大量的财富。

然而这并不能弥补西夏国内因战争而遭受的巨大损失：由于长期的用兵，物资奇缺，物价飞涨，百姓生活困顿，不堪重负，西夏已无力再战。

天授礼法延祚六年（1043），宋夏开始议和。到次年（1044），正式达成和议。

宋夏重新恢复了和平，宋朝的西北局势暂时转危为安。

没藏谔庞的野心

20

⚜ 时间：1042～1061

西夏王朝的建立，后族野利氏起了重要的作用。野利氏是西夏的名门望族之一，与当时的细封氏、房当氏、往利氏、米擒氏、费听氏、拓跋氏等都是党项族按姓氏划分的部落。野利家族中很多位尊权重的长者都是元昊的主要支持者，把持着西夏宫廷和军队的大权。

后廷相争

天授礼法延祚五年（1042），大臣野利任荣病死，景宗元昊悲痛欲绝，痛哭"失去了膀臂"。这一年，太子亡故，野利皇后之子宁令哥继太子位。后族野利遇乞驻守天都山，野利旺荣被封宁令（大王），后族势力盛极一时。

天授礼法延祚六年（1043），西夏由于频频进攻北宋，国内物资奇缺，物价飞涨，无力再战。两国达成了议和。

北宋在双方休养生息的间隙，派出间谍，企图离间西夏。

他们设计陷害元昊的重臣野利旺荣、野利遇乞，说他们私通大宋。元昊中计，下令杀野利旺荣和野利遇乞。野利家族中的众多成员都受到了牵连，与野利氏结亲的其他氏族也遭牵连。

天授礼法延祚八年（1045），元昊从皇后野利氏处得知自己中计，错杀后族重臣。为了安抚野利族人，他将野利遇乞的妻子没藏氏接到宫中居住。

没藏氏聪慧貌美，进宫后不久，元昊便与其私通。野利皇后察觉，将没藏氏赶往兴州戒坛寺，让其出家为尼。虽然被赶出宫，元昊还时常去寺院探望，并经常偕没藏氏一起出游打猎。十年（1047）二月，没藏氏随元昊再次出

● 黑釉瓶·西夏

猎，行至两岔河，生下儿子谅祚。谅祚出生后，不能待在寺院，便寄养在舅舅没藏讹庞家。没藏是西夏当地的大族，没藏讹庞即是没藏的族长，在当地极有威信。

同年（1047）三月，元昊封没藏讹庞为国相，总理政务。不久，元昊废黜野利皇后，夺太子宁令哥的妃子没移氏为皇后。

毅宗谅祚的兴起

野利氏和没藏氏一样，是夏国极有权势的贵族。后族的废立兴衰，往往不仅是宫廷间的私事，而是反映了奴隶主贵族间争夺权力的斗争。

天授礼法延祚十一年（1048），出任国相的没藏讹庞唆使太子宁令哥入宫刺杀元昊。元昊受重伤，次日死去。

元昊的亡故让没藏一族欢欣不已，没藏讹庞立即展开行动，先后处死了太子宁令哥及其母野利氏。随后，他又和大将诺移赏都等共立年幼的嵬名谅祚为帝（毅宗），尊没藏氏为太后。谅祚即位时仅3岁，政权被没藏讹庞独揽，其家族权倾朝野。

奲都五年（1061），已经15岁的谅祚日渐懂事，对没藏家族心怀不满。

此时的没藏讹庞仍然大权在握，为了进一步巩固自己的地位，他把女儿嫁给谅祚，立为皇后；为了进一步削弱谅祚身边汉人的势力，他还杀掉了谅祚的亲信大臣高怀正、毛惟昌。后来发展到谋划杀死毅宗谅祚，自立为帝。

同年，没藏讹庞的行动被儿媳梁氏告发。谅祚在大将漫咩的支持下，擒没藏讹庞父子，以谋反罪杀之，随后借机诛戮没藏家族。

他废黜了没藏皇后（没藏讹庞之女），改立汉人梁氏，任命梁氏的弟弟梁乙埋为国相，重理朝纲。

毅宗谅祚先发制人，很快消灭了没藏家族的党羽。没藏氏专权的局面亦随之告终。

●彩塑菩萨像·西夏

21 毅宗改革

❋ 时间：1047～1067

毅宗谅祚亲政后，对西夏的政治、军事实行了加强汉化、整治军队等一些重要改革，不仅巩固了新政权，而且对以后各朝产生了深远影响。

改用汉礼

没藏家族被铲除后，毅宗谅祚执掌政权。亲政后的毅宗，立即着手进行了一系列的改革。这些改革的核心是改蕃礼用汉礼，即用中原汉族王室的礼仪制度，取代元昊建国时设立的制度。

奲都五年（1061），毅宗派遣使者向宋朝上表，表露仰慕中原衣冠，请求明年用中原礼仪迎接宋朝使者的想法，得到宋的同意。次年，毅宗参照宋朝制度，改革了位于西寿等处的监军司机构。奲都六年（1062）四月，又请求宋朝赐予太宗御制的书法拓本，并准备建立藏书阁来存放这些墨宝。

由于对中原先进文化无限向往，毅宗还向宋朝进贡骏马50匹，以换取《诗经》、《尚书》、《易经》、《左传》、《论语》、《孟子》等九经以及《唐史》、《册府元龟》等典籍。宋朝赐给九经，而退还了西夏的马匹。

拱化元年（1063），毅宗改用汉姓，恢复唐王所赐的李姓。

恢复榷场

西夏与宋朝麟州交界的地带，有70里肥沃的原野。没藏谔庞把持朝政时，曾令西夏农户逐渐侵耕，收获的作物归其所有。被西夏侵占的土地离大宋界河屈野河只有20里。宋廷十分恼怒，不断派遣使者划清边界，没藏谔庞置之不理。奲都元年（1057），没藏谔庞出兵，攻打麟州。州府守将郭恩迎战不敌，没藏盘踞屈野河。奲都四年（1060），没藏准备把屈野河以西20里的田地退还宋朝，重新划界，被宋拒绝。不久，没藏家族败落。

毅宗派使者与宋朝议定，在边界设立寨堡，恢复旧界。由于连年的征战冲突，边境贸易停止。划清边界后，永宁（位于今甘肃甘谷县四十铺乡）等处的榷场陆续恢复。

增用汉人

毅宗自幼由汉族妇女养大，与汉人相处日久，熟悉汉文化。亲政后，他增设了很多由汉人担当的官职——尚书、

侍郎、南北宣徽使等——以巩固统治。

拱化三年（1065），毅宗在宋境秦凤路俘获汉人苏立，授其官职；宋朝文人景询犯罪逃到西夏，毅宗也授以学士之职让其参政。

毅宗礼贤下士的做法吸引了越来越多的汉人投奔西夏。西夏从政治上、文化上进一步加强了与中原汉室的联系。

用兵吐蕃

毅宗在改革内政的时候，并没有忘记对世仇吐蕃部落的报复。奲都二年（1058），没藏谔庞时就曾对吐蕃青唐城（今青海省西宁市）发起进攻，结果兵败。拱化元年（1063），西使城（今甘肃榆中贡马井）吐蕃首领禹藏花麻降夏，以其城池及兰州一带拱手让夏。毅宗以宗室之女下嫁花麻，封其为驸马，升西使城为保泰军，让花麻镇守。拱化四年（1066）底，河州吐蕃首领瞎毡子木征又以河州之地降夏。

侵扰宋境

在对吐蕃部落取得一系列胜利的同时，西夏与宋的关系趋于恶化。拱化元年（1063），宋仁宗逝世，西夏使者吴宗前往吊唁。在宋廷，由于礼仪不合，吴宗与宋朝官员高宜发生争执。高宜扬言要以百万大军攻取贺兰山。宋英宗亦指责毅宗用人不当。吴宗回西夏复命，毅宗以为这是宋朝有意侮辱夏国。拱化三年（1065）初，派万余夏兵进攻庆州（今甘肃庆阳）王官城。年底，再攻德顺军（今甘肃静宁）外的同家堡，掳掠牛羊数万。拱化四年（1066）九月，毅宗亲率大军攻打庆州，包围大顺城，攻城3日。宋利用归降的蕃官发强弩射击敌军。毅宗中流矢，匆忙退走。

●官员像·西夏

拱化五年（1067）十月，西夏绥州守将嵬名山被部下李文喜等人胁迫，投降宋朝。毅宗派人争夺绥州，在大理河被宋军击败。西夏从此加强对宋军的防备。同年十二月，毅宗病逝。其子秉常继位，秉常年幼，由梁太后摄政。

毅宗在位19年，亲政时间不长，但他推行的改革进一步促进了西夏社会的封建化进程。

㉒ 梁太后专政

❖ 时间：1068～1097

毅宗病逝后，年仅8岁的秉常继位。太后梁氏摄政，她和弟弟梁乙埋控制了西夏政权。梁氏是番化的汉人，顽固地维护党项奴隶主的利益。于是，西夏统治集团内部展开了后族与皇族的斗争。对外，则与北宋交恶，经常发生激烈的冲突。

∽ 穷兵黩武

梁太后执掌政权后，立即宣布废除汉礼，沿用番邦礼仪。同时，罢免了手握重兵的皇族成员嵬名浪遇，将其贬出兴庆府。

政权逐步稳固之后，梁氏姐弟频频发动起对宋的战争。

乾道三年（1070），西夏发兵攻打秦州（今甘肃天水）、攻占刘沟堡。接着又攻打庆州（今甘肃庆阳）顺安寨、黑水堡等地，包围绥德。天赐礼盛国庆二年（1071）五月，梁太后发兵10万，修筑闹讹堡向宋军挑衅。宋庆州知府李复圭逼部下李信率兵3000出征，结果大败。李复圭将战败的责任推给李信，再次出兵进攻西夏邛州堡、金汤池等地，无功而返。恼怒的李复圭下令捕杀西夏老幼百余人，冒充被斩杀的西夏士兵，向朝廷邀功报捷。这一暴行激起了西夏民众的极大仇恨。同年八月，梁乙埋兴兵30万进攻宋朝，袭击大顺城、荔原堡等处，前锋直逼庆州城下。宋军兵败。

正当西夏军势如破竹之际，吐蕃趁着西夏国内空虚，进行偷袭。梁乙埋担心夏蕃边境生变，撤兵离去。

● 佛教绘画·西夏

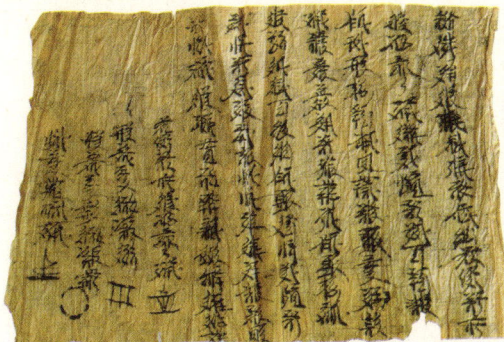

● 买牛契约·西夏

买牛契约用西夏文写在加丝麻纸上，纸薄而软，浅黄色。契约上墨书几行西夏文，字数不一。首行意为"天义己年九月"。契约记载了买卖双方的姓名及钱数。

天赐礼盛国庆三年（1072）正月，北宋陕西、河北宣抚使率兵攻取西夏横山。西夏战败。宋军就地筑城，随后又分兵在永乐川、赏逋岭等地修筑城堡。各堡之间相距约40里。不料，刚过两个月，西夏就大举进攻。宋军所筑城堡工事全部被占领。不久，西夏梁氏与宋谈判，最后约定以绥德城外20里为界。

绥德定界之后，两国局势并没有随之稳定。梁氏集中兵力攻取吐蕃武胜城（今甘肃临洮）。武胜地处进入临洮河流域的要塞，北宋秦凤安抚使王韶早有夺取之意。于是，当西夏大军即将攻克武胜之际，他突然率军出现。西夏仓促应战，兵败。此时武胜的吐蕃守将已弃城逃跑，王韶渔翁得利占领了武胜。不久，他又攻占了西夏的河州。梁乙埋派兵7000企图夺回河州，被宋军击退。

梁氏把权

西夏连年征战，国内怨声载道，矛盾越演越烈。随着战事节节失利，梁氏的权威地位也开始动摇。

大安二年（1076），惠宗秉常亲政，但大权仍掌握在梁氏手中。

大安六年（1080），惠宗秉常在皇族支持下，提出废蕃礼，行汉礼，恢复早先实行的国策。这一建议被梁氏驳回。第二年，惠宗和亲信李清商议夺取梁氏的实权，被梁氏获悉。李清被杀，惠宗遭囚禁。这一消息传出，拥护皇族的西夏大将纷纷拥兵自立。大将禹藏花麻向宋朝求援，请求发兵讨伐梁氏。

宋神宗认为这是攻打西夏难得的良机，于是派30万大军兵分五路进军西夏。

大安七年（1081）八月，西夏熙河守将投降。宋军于九月攻克兰

● 供养菩萨壁画·西夏

州，十月攻克米脂，西夏石州守将弃城逃亡。随着战事推进，宋军兵临灵州城下。西夏岌岌可危。

面对宋军的疯狂进攻，梁氏镇定指挥。

她采纳了一位老将的建议，实行坚壁清野、诱敌深入的策略。集中10万精兵保住要害，另派机动部队切断宋军后路。不久，各路宋兵因粮草匮乏被迫撤退。西夏见机掘开黄河河堤，水灌宋营。宋军10万兵士伤亡惨重，残部匆忙撤回。

大安八年（1082），宋神宗命给事中徐禧在银、宥、夏州交界处筑永乐城，以防夏兵从东方来犯。徐禧领命后，抓紧施工，不到20天的时间即将城池修好。梁氏闻讯，出动精兵30万来攻。夏军骁勇善战，渡过黄河后偕同主力部队包围了永乐城。宋军虽拼死抵抗，由于被夏军截断水源，渴死过半。宋朝派大将李宪率兵前去救援，结果受到阻击，寸步难行。夏军终于占领永乐城，杀守将徐禧，死伤民众20余万，缴获大批辎重。

西夏在战场上接连取得胜利，然而其统治集团内部仍然矛盾重重。不断的巨额军费开支让百姓不堪重负，经济亦因此蒙受了巨大的损失。

为了能够笼络皇族，梁太后于大安九年（1083）恢复了惠宗的皇位。

两年后，梁乙埋、梁太后相继去世。梁乙埋的儿子梁乙逋出任国相，与大将仁多氏共同执掌兵权。

天安定礼元年（1086），惠宗抑郁而终，时年26岁，其子乾顺继位，是为崇宗。崇宗年幼，遵母梁氏为皇太后，大权由梁乙逋和梁太后操控。皇族嵬名阿吴、仁多保忠也握有相当的实权。皇族和后族又开始了激烈的斗争。

政权的更替，并没有让战争止歇。数年间金戈铁马，硝烟四起。

接连的征战让西夏、北宋都感疲惫不堪。天仪治平三年（1088），夏宋再次议和。

此次议和，也没有安稳多久。

在辽国的挑唆之下，梁氏兄妹又向北宋进行挑衅。天祐民安三年（1092），梁乙逋进攻绥德，大肆掳掠。其妹梁太后亲征环州，围城多日，无功而返。归途中，遇宋军阻击，仓皇逃窜。

在西夏国内，兄妹俩终因权力的争夺发生内讧。梁太后不准梁乙逋领兵，试图削弱他的权力。梁乙逋十分不满，谋划夺取帝位。天祐民安五年（1094）十月，嵬名阿吴、仁多保忠等杀梁乙逋，并诛其全家，朝政最终由梁太后把持。

梁太后继续向宋发动进攻。天祐民安六年（1095），她率崇宗亲征，攻下宋境金明寨（位于今陕西境内）。第二年，夏兵进攻北宋的麟州、绥德等地；宋兵则反攻西夏的盐、宥、洪等州，双方互有胜负。永安元年（1098）十月，梁太后领兵40万攻平夏城（位于今宁夏固原境内），连营百里，昼夜不停地进攻10余天，终因军粮不济而退兵，转而向辽国求援。

次年正月，梁太后被辽国使者毒杀。长达30余年的梁氏专政结束。

● **西夏文石碑残片**

西夏王陵每座陵墓前原有石碑，但都已被砸毁，现仅存残片。

延伸阅读　西夏佛教

　　西夏佛教分为密宗与禅宗两派，而传入河西地区的佛教，主要是藏传佛教密宗。西夏的佛教管理继承了中原地区的佛教管理制度，又有自己的创新和发展，形成了一套比较完善的管理机构和管理制度。西夏在其统治机构中设有三个功德司，管理全国佛教事务。其中僧人功德司管理境内僧人，出家功德司掌管度僧名额，护法功德司维护佛门戒律。西夏统治者为了发展佛教，曾向宋朝多次请求赐给佛经，并进献一定数量的马匹作为印刷佛经的费用。西夏统治者在输入佛典的同时，还重视组织人力，指定专人负责，有计划地大量翻译佛经，负责之人是西夏僧人中地位较高的"国师"。惠宗秉常期间又命白智光主持译经，至崇宗天祐民安元年（1090），先后用了53年，译成佛经362帙，820部，3579卷。传世的西夏文佛经，绝大部分译自汉文《大藏经》，但也有少量译自藏文、梵文。此外，翻译佛经的需求也对创造西夏文字起到了促进作用。

㉓ 仁宗以儒治国

❈ 时间：1139～1193

大德五年（1139），崇宗去世。16岁的仁宗继位。仁宗亲临太学祭奠至圣先师孔子，并尊孔子为文宣帝，下令各州郡立庙祭祀。中国自汉代独尊儒术，唐代以后，代有封谥，但将孔子抬高到帝的高位，西夏始开其端。

夏仁宗（1124～1193），名仁孝，崇宗长子，元德六年（1124）九月生，大德五年（1139）六月继位，次年改元大庆。

初露锋芒

仁宗刚刚执政，国内就遭遇了大变故：夏州都统萧合达据城叛乱。

萧合达是辽国人。贞观五年（1105），辽国天祚帝与西夏联姻，嫁宗室成安公主为西夏皇后，萧合达护从公主来到西夏。他勇猛善射，深得崇宗乾顺喜爱，于是留在西夏。夏与宋、金交战频仍。萧合达出征多次立下战功。乾顺赐其国姓，并提升为夏州都统，对其倍加器重。

● 黑水城出土水月观音像（局部）·西夏

天祚帝败落后，西夏向金国称臣。不久，成安公主去世。

萧合达派人远赴西域，期盼能够寻到辽国皇族耶律大石，没有能找到，就占据夏州，拥兵反叛。他联络到阴山和河东的契丹部落，企图拥立辽国的皇室后裔，再兴辽国。

●镂空人物纹金耳坠·西夏

通长4.2厘米。正面镂空雕刻人物及花朵。每坠雕刻三人，居中者为坐像，左右均站立，乃一佛二菩萨造型。背部有弯钩，用于悬佩。

大庆元年（1140），萧合达率领叛军进攻西平府，攻下盐州，直逼贺兰山阙。整个兴州府为之震惊。同年，仁宗命静州都统任得敬前往平叛。任得敬出师顺利，于十月间迅速克复夏州，继而进攻盐州。萧合达不敌，率部将逃奔至黄河时，被任得敬军诛杀。大庆二年（1141）六月，仁宗又诛杀了图谋叛投金国的慕洧、慕濬兄弟。

同年八月，西夏群臣为仁宗上尊号"制义去邪"。

赈天灾，息人祸

仁宗在位的最初几年，西夏天灾人祸不断。随着叛乱被平息，国内又发生了严重的饥荒。物价飞涨，一升米竟卖到百钱，百姓苦不堪言。

大庆四年（1143）三月，西夏都城兴庆府发生强烈的大地震，余震一月不止，官舍民房纷纷倒塌，数万人畜死亡。兴庆府余震尚未止歇，夏州又发生地裂，数丈高的黑沙从地下涌出，周边的林木、房舍全部陷落，损失惨重。

面对频发的地震、灾荒，百姓生活无以为继，纷纷起义反抗朝廷。

大庆四年（1143）七月，威州的大斌，静州的埋庆，定州的笆浪、富儿等部族人民，陆续揭竿而起，多者上万，少者有五六千人，他们攻劫州城县，各地连连告急。

仁宗采纳御史大夫苏执义的建议，对遭受地震、地裂灾害严重的兴庆府、夏州地区的百姓进行安抚：凡是家中因灾难死亡两人者免租税三年；死一人则免租税两年；受伤者免租税一年；房屋倒塌者，官府可以帮忙修复。大庆四年（1143）八月，仁宗再采纳枢密承旨苏执礼的建议，实行赈灾措施。对饥荒严重的地区，派诸州官吏前往视察，按灾荒轻重的程度，分发赈济抚恤。

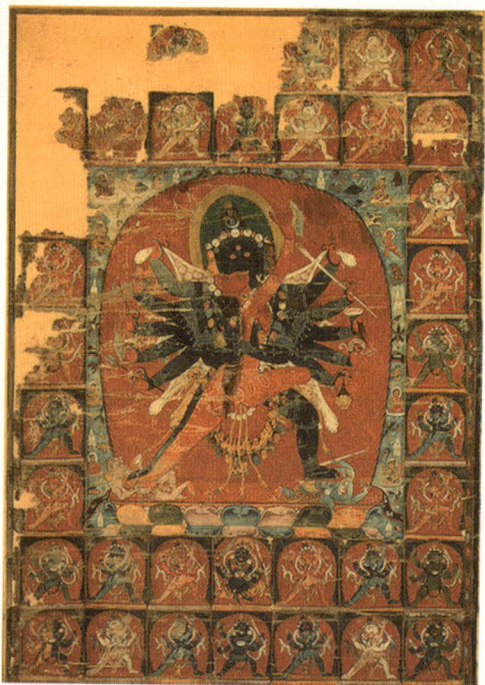

●明王像·西夏

面对揭竿而起的义军，仁宗派西平都统军任得敬用武装镇压和收买瓦解相结合的办法进行平定。这样，威州、静州以及定州笆浪、富儿等部落的起义先后被平息。

仰慕汉族文化

仁宗在位时，在注意保持与金朝的友好关系时，也努力发展与南宋的交往。

人庆元年（1144），仁宗派遣使者赴南宋朝廷祝贺天中节，贡献珠玉、金带、绫罗、纱布、马匹等物品，恢复了同宋朝中断了近20年的往来。同年十二月，仁宗又向宋廷进献了金酒器、绫罗、纱縠等物，逐步密切同南宋的关系。

宋朝的儒家文化对仁宗有着相当的吸引力。

人庆元年（1144）六月，仁宗下令在各州县设立学校。进学的子弟多达3000人，比崇宗设立的"国学"人数增加了10倍。仁宗又在皇宫中设立"小学"，让宗室贵族7岁至15岁的子弟全部入学，接受先进的中原教育。他与皇后还经常去学校察看，督促训导。

人庆二年（1145），仁宗命乐官李元儒，参照汉族乐书，结合西夏现行制度，重新修订国家乐律。新乐律编修成后，仁宗赐名《新律》。次年三月，仁宗尊汉人孔子为文宣帝，下令各州郡建立孔庙，祭祀孔子。不久，仁宗又仿照宋朝科举制度，正式策试举人，并设立"童子科"，逐步完善通过科举选拔官吏的制度。

西夏的印刷术也在不断发展。大量的文化与学术著作随之不断问世，如诗歌集《月月娱诗》，谚语集《新集锦合辞》、《圣立义海》，以及用西夏文和汉文对照双解的辞典《蕃汉合时掌中珠》、韵书《文海宝韵》等，种类繁多，西夏的文化一步步走向繁荣。

在提倡以儒治国的同时，仁宗也注意到了加强法律制度的建设。天

盛年间（1149～1170），他专门组织人员编纂法典：在旧有法律的基础上，重新编修了20卷的《天盛改旧新定律令》。这是一部参照唐、宋律令，结合了西夏实情，包括民法、行政法、刑法、诉讼法、经济法、军事法在内的综合性法典。新法典完成后，立即用西夏文刻印颁布通行。

为了适应经济和文化飞速发展，仁宗还进一步完善了朝廷和地方的官制机构及吏治建设。

附金和宋

仁宗执政期间，辽亡金兴，宋室南渡，夏则处于金国的包围之中。

在这种情况下，仁宗采取了附金和宋之策。极力避免战争。

大庆二年（1141），西夏慕濬、慕洧兄弟图谋叛金，仁宗杀之。随后上表金国熙宗告知此事。金熙宗虽有不满，也只能责怪仁宗太过专擅，仁宗随即做了例行的告谢。天盛元年（1149），金国海陵王弑熙宗自立，遣派使者来西夏。仁宗不予接见，并责问金使："圣德皇帝（指金熙宗）何为见废？"金国曾一度关闭了同夏国的保安、兰州、绥德等榷场，仁宗千方百计讨好金国，不惜选派工匠织造"百头帐"献给金世宗，以期重开边境贸易，发展经济。

这一系列作为，均昭示着这位西夏国君的高瞻远瞩。

仁宗在位54年。在位期间，文化繁荣，国力蒸蒸日上，疆域亦有了前所未有的拓展。这些均归功于他的雄才大略——对内，以儒治国；对外，能伸能屈——为自己营造了一个和平的发展氛围。

● **泥塑大肚弥勒像·西夏**
此弥勒塑像施浅绛彩，弥勒笑容满面，盘腿，一手捧腹，一手置于腿上，双目有神。此造像充分体现了西夏受中原文化影响的情况，是西夏时期泥塑艺术的佳作。

24 任得敬擅权

❖ 时间：1156～1170

任得敬，原是北宋西安州（今宁夏海原西）的通判。元德八年（1126）九月，崇宗乾顺进攻西安州时，任得敬献城投降西夏。

投诚献女，平步青云

大德三年（1137），任得敬将17岁的女儿送给乾顺为妃。任妃美貌端庄，通情达理，入宫后，十分受宠。次年八月，任妃被册立为后。任得敬随即被提为静州都统军。不久，任得敬镇压部落起义有功，又改授为翔庆军都统军，封西平公。

大德五年（1139），崇宗乾顺去世，仁宗仁孝继位。

人庆四年（1147），任得敬上表请求由西平府入朝为官，遭到朝臣普遍反对。颇有野心的任得敬于是用金银珠宝贿赂讨好重臣晋王察哥。两年后，任得敬得以入朝，被封尚书令。次年十月，又晋封为中书令。天盛八年（1156）四月，晋王察哥亡故。九月，任得敬升任国相。崇宗时期的皇室诸王在朝时，任得敬篡权的野心还不敢过于暴露。重臣晋王察哥一死，他便无所顾忌，骄奢跋扈，变本加厉，举朝为之侧目。秘书监王举对其恶性忍无可忍，提出弹劾，并弃官而去。群臣亦纷纷表露不满。

位高权重，野心显露

随着大权在握，任得敬逐渐无所顾忌，专横骄恣。在朝中肆意安插亲信，排挤其他大臣。任得敬得势，任氏家族显赫一时。他们随意打击、陷害与自己意见相左的朝臣，飞扬跋扈。仁宗皇帝一再对任得敬姑息、容忍。天盛十二年（1160），再次晋封其为楚王。任得敬出入仪仗，与君王等同。

位高权重的任得敬渐渐不再把仁宗放在眼里。他对仁宗皇帝实施的儒学治国十分厌恶，于是上疏请求废弃学校，疏中称："经国在乎节俭，化俗贵有权衡。我国介在戎夷，地瘠民贫，耕获甚少。今设多士以任其滥竽，糜廪禄以恣其冗食，所费何资乎？""望陛下一切罢之。"仁宗没有采纳。

天盛十七年（1165），任得敬篡权分国的野心逐渐膨胀，准备占据兴州、灵州地区。于是征发民夫10万，修筑灵州城，并在自己驻扎的翔庆军司修建宫殿。动工之时，正值盛夏酷暑，役夫劳累不堪，怨恨之声不绝。

倒行逆施，阴谋破产

由于仁宗推广儒学，重文轻武，任得敬得以领兵20余年，渐渐控制了一支强大的军事队伍，为其篡权裂国做充分的铺垫。

天盛十八年（1166），任得敬开始试探金国统治者的态度。他以旧属夏国的庄浪族之陇逋、庞拜二门违命作乱为由，向金朝告知将出兵讨伐，金世宗未许。十月，任得敬出兵袭击已归附金朝的庄浪族吹折、密臧二族，并劫掠其人畜、财物，金国未有反应。

天盛十九年（1167）十二月，任得敬生病，仁宗皇帝派使者到金朝为任得敬请名医诊治。病愈后，仁宗派谢恩使任得聪去金国答谢，任得敬亦附表及礼物致谢。金世宗洞悉任得敬附表进贡之意，回绝西夏使臣，"得敬自有定分，岂宜紊越！"

任得敬得知金朝不可信赖，于次年五月，遣使至四川，密约南宋宣抚使虞允文发兵袭击吐蕃。打算以进攻吐蕃为借口，将灵、兴州附近的兵力调离。七月，任得敬再派使者携帛书去四川联络时，被夏兵截获。仁宗心生疑窦，向金国密报。至此，任得敬分裂西夏的野心昭然若揭。乾祐元年（1170）四月，任太后去世。任得敬再无所顾忌，立即胁迫仁宗皇帝将夏国西南以及灵州周边割让给自己。仁宗无奈答应，并遣左枢密使浪讹进忠、翰林学士焦景颜到金国，为任得敬请求封册。

●铜鎏金錾花双耳杯·西夏

夏国使臣到金国后，向金世宗求取册封。金世宗意识到仁宗皇帝被佞臣逼迫，于是对使臣及朝中大臣说："有国之主，岂肯无故分国与人？此必权臣迫夺，非夏主本意。况夏国称藩已久，一旦迫于贼臣，朕为四海主，宁容此耶？若彼不能自正，则当以兵诛之，不可许也。"

金主的干预，令任得敬心生畏惧。于是他与兄弟任得仁、任得聪等密谋应变。仁宗皇帝则因得到了金主相助，决心铲除任得敬。

乾祐元年（1170）八月，仁宗皇帝暗中聚兵，设计诛杀了任得敬及其党羽。次年十一月，在外驻守的任得敬侄儿任纯忠，逃往金国北境，被当地部族杀死。外戚任得敬的篡权阴谋以失败告终。

西夏灭亡

25

❀ 时间：1193～1227

夏仁宗去世后，西夏也开始步入了由盛转衰的时期。内乱不断，外患频频，国力衰弱，在强大的蒙古兵团的不断打击下，西夏终于灭亡了。

夏仁宗于乾祐二十四年（1193）去世，长子纯祐即位，是为桓宗。桓宗即位后，大体遵循仁宗时期的大政方针，继续推行附金和宋的政策。桓宗在位的最后一年，天庆十三年（1206），铁木真带领的蒙古国兴起并逐渐壮大。来自蒙古国的威胁迅速地将西夏推向衰亡的历史进程。

盟友兵戎

天庆六年（1199），仁宗的弟弟越王仁友亡故。仁友之子安全上表请求承袭越王的爵位。桓宗没有同意，将其降为镇夷郡王。安全心怀不满，萌动篡位夺权之心。天庆十三年，安全与桓宗的母亲罗太后密谋，废桓宗。三月，桓宗暴病而亡，安全继位，是为襄宗。襄宗执掌政权后，蒙古军再三入境骚扰。

应天四年（1209）春，蒙古铁骑在大汗铁木真的率领下，南征西夏。四月，陷兀剌海城。七月，进逼中兴府。襄宗派兵5万抵御，相持两个月。后被蒙古引水灌城，成吉思汗派使者入城谈判，襄宗称臣，并嫁宗室之女和亲。

蒙古接连不断的用兵，促使西夏改变了长期与金结盟友好的策略，开始依附日渐强大的蒙古，对金国开始了长达10余年的战争。兵戎相见，夏金双方均损

● 阿弥陀佛坐像·西夏

失惨重，深陷战争的泥潭。西夏国内的阶级矛盾亦随之进一步激化。

皇建二年（1211），皇族齐王李遵顼发动宫廷政变，废襄宗安全，自立为帝，是为神宗。神宗当政后，全盘承袭了襄宗安全的亡国政策：坚持附蒙古抗金。西夏国内，随着战事不断，经济凋零，矛盾、危机重重。联蒙抗金没有解除西夏潜藏的危机，到头来，蒙古依然对西夏垂涎不止，多次借机出兵围攻西夏。神宗为了逃避大敌当前的现实，匆忙将帝位传给儿子德旺，自称太上皇。德旺即是献宗，继位时43岁。

乾定二年（1224）二月，献宗继位的第二年，蒙古征伐西域未还。献宗派遣使者与漠北各部落进行联络，打算结成抗击蒙古的联盟，以牵制蒙古军的入侵。五月，西域战事结束，成吉思汗获悉西夏联合漠北的活动，亲自率兵进攻西夏沙州（今甘肃敦煌东），攻了一个月，未能攻克。九月，派大将木华黎之子索鲁等从金国战场转攻西夏银州，守将不敌，夏兵死伤数万，数十万牲畜遭掠夺。献宗派使者向蒙古请降。

联金抗蒙

经历了蒙古的沉重打击后，献宗认识到，要使国家继续存在和发展，必须改变国策，联合盟友，共同抗蒙。

● 西夏黑水城遗址

黑水城建于西夏政权时期，曾是西夏和元代的重要城堡。自明朝初年被废弃后，在沉寂的戈壁沙漠中沉睡了600年。

●**文殊菩萨骑狮像·西夏**

96厘米×60厘米，此像于20世纪早期出土于今内蒙古自治区阿拉善盟额济纳旗境内的西夏黑水城遗址，系三幅一组的"华严三圣像"中的一幅。造像样式以及眷属组合无不借鉴自敦煌以及内地的同类作品，线描精湛，设色雅丽，代表了存世西夏时代道释绘画的一流水准。

乾定二年（1224）十月，献宗采纳了右丞相高良惠联金抗蒙的提议，派遣使者南院宣徽使罗世昌等赴金议和。次年八月，两国停止了多年的征战，达成议和：西夏奉国书称弟，以兄弟之礼事金，各用本国年号，遇战事双方互相支援。

此时的夏金两国，经历多年的战争，都已兵虚财尽，国力大不如前。即使联合抗蒙，也无法抵御蒙古铁骑的进攻。夏金的灭亡亦只是时间的问题。

天命覆亡

与金国相比，西夏国小力弱。它首先成了蒙古掠取的目标。

乾定三年（1225），成吉思汗从西域回到漠北，得知献宗收纳其仇敌赤腊喝翔昆和不派遣质子，决定大举讨伐西夏。

次年二月，成吉思汗率领10万大军攻入西夏，占领了西夏的军事重镇黑水、兀剌海等城。

蒙古大将阿答赤率军与畏兀儿亦都护进攻沙州，被西夏诈降迷惑，兵败。蒙军稍作休整，又全力强攻。沙州军民在守将籍辣思义的率领下，顽强抵抗。蒙军于夜间挖地道攻城，被夏军识破并纵火，伤亡惨重。经过一个月的坚守，沙州城破。

同年五月，蒙军攻占肃州城。不久，太上皇李遵顼亡故。同年六月，蒙军乘胜进攻甘州，甘州城军民奋力抵抗，终于不敌，守将战死。七月，蒙军攻占西凉府，守将不敌，战败投降。

经过蒙古军接连的攻占，西夏所属的河西地区，几乎全部沦陷。

献宗眼见蒙古军大举进犯，锐不可当，忧悸不知所措，不久病逝。末主李睍继位。此时的西夏国，已然日薄西山，奄奄一息。

乾定四年（1226）八月，成吉思汗攻至黄河九渡。十一月，进攻灵州。末主李睍派大将嵬名令公领兵10万前去解围，结果大败，灵州沦陷。蒙军攻克灵州后，向中兴府推进，准备一举攻占都城，灭亡夏国。

宝义二年（1227）元月，蒙军抵达中兴府。成吉思汗留下攻城军队，自己率部南下，渡过黄河，攻打积石州，进入金国境内。

中兴府被蒙军围困，外援被阻断。右丞相高良惠"内镇百官，外励将士"，与军民日夜拒守。四月，高良惠积劳成疾而亡。不久，成吉思汗回师，派使者察罕去中兴府劝降，被李睍回绝。

经过半年的围困、对峙，中兴府弹尽粮绝，军民疲惫不堪。六月间，西夏发生强烈地震，房屋纷纷倒塌，瘟疫流行蔓延，守军无力抵抗，李睍派遣使者请降。并以"备贡物，迁民户"为由，企盼宽限一个月。蒙军同意。

不久，夏国末主李睍率领文官李仲谔、武将嵬名令公等出城归降。

七月，成吉思汗病故。蒙军遵照遗嘱，杀西夏末代君主李睍及降臣，西夏灭亡。

◆ 延伸阅读　西夏重镇——黑水城

　　黑水城，一座湮灭在历史长河中的古城，位于内蒙古额济纳旗达来库布镇东南25千米的荒漠中。它是西夏王朝的北部重镇，也是连接河套和中亚地区的交通要道。干燥的气候和干燥的土壤，把黑水城的古代遗物都完好地保存了下来，其中，有许多是极为珍贵的历史文物。而令人遗憾的是，在新中国建立以前，已有大量珍贵文物被外国的"探险家"们盗掘走了。最早来到黑水城挖掘宝物的是俄国的探险队。1908年，俄国人科兹洛夫，受俄国皇家学会的派遣，率领探险队来中国探险。他曾三次来到黑水城，进行了大范围的盗掘，获得了大量西夏文书和元代纸钞等珍贵文物。步科兹洛夫的后尘，美国、瑞典、法国、日本等国家的"探险队"、"考察团"相继来此考察、挖掘，致使黑水城遗址遭到更大的破坏，大量的珍贵文物都先后流散于世界各地。新中国成立后，黑水城遗址受到国家的高度重视和重点保护。从20世纪60年代起，中国的文物工作者曾多次到黑水城进行科学考察。20世纪80年代初，又对古城遗址进行了长达两年时间的科学勘探和考古发掘工作。出土的遗物以古代文书为主，有汉文、西夏文、畏兀尔蒙文、八思巴文、藏文和古波斯文等各种不同文字的文书，共计3000余件。其中，汉文文书最多，有2200余件。黑水城出土的大量文书，全面、真实地反映了当时的社会状况和当地经济、文化的发展水平。这些文书，不仅是极为珍贵的古代文物，也是黑水城历史沿革的最好见证。

中国社会科学院近代史研究所·韩志远教授

公元1115年～公元1234年

金朝是中国历史上以女真族为主体建立的王朝，先建都会宁府（今黑龙江阿城南白城镇），后迁都燕京（今北京），再迁都至汴京（今河南开封）。其创建者是金太祖完颜阿骨打。

女真族的祖先很早就生活在长白山和黑龙江流域。五代时，女真之名始见于史籍，并受契丹所统治。女真完颜部为首的部落联盟建立后，很快统一了女真各部。此后，女真族的发展进入一个新的时期。辽天庆四年（1114）九月，女真族领袖完颜阿骨打率部誓师于涞流河（今黑龙江与吉林省间拉林河）畔，向辽朝的契丹统治者宣战。完颜阿骨打在取得宁江大捷和出河店之战胜利后，于辽天庆五年（1115）称帝建国，国号大金，年号收国。金朝建国后，在护步答冈会战中大败辽军，随后展开以辽五京为战略目标的灭辽之战。攻取五京的先后顺序是东京（今辽宁辽阳）、上京（今内蒙古巴林左旗南）、中京（今内蒙古宁城西大名城）、西京（今山西大同）、南京（今北京）。五京丢失，辽朝随即灭亡。金灭辽后，与北宋遂成敌国。金太宗完颜晟即位后，挟灭辽之威，很快席卷而来，于天会五年（1127）灭亡北宋。以后，金与南宋多次交兵，南攻与北伐，均无力改变南北对峙的局面。

金在与南宋、西夏并立期间，迫使西夏臣附、南宋屈辱求和，始终维持其霸主地位。但是，随着蒙古的兴起，金的强国地位受到了威胁。金蒙世仇，结怨甚深，蒙古人对金"怨入骨髓"。金西北邻蒙古，西邻西夏，南邻南宋，处于西、西北、南三战之地，战略地位有明显的弱势。对待三国的战略，金的正确选择应该是结夏联宋，对抗蒙古。团结西夏，可以从西面牵制蒙古南下。成吉思汗于建国后对金"乃定议致讨，然未敢轻动"，其重要原因是担心攻金时西夏可能构成的侧面威胁。联合南宋，可以免除后顾之忧，避免两面作战，全力对付蒙古。然而，金朝统治者却错误地选择了绝夏、攻宋、抗蒙的战略，结果三面树敌，自我孤立，致使形势急转直下。蒙古攻西夏，西夏求援于金，金坐视不救，西夏投附于蒙古，与蒙古联手攻金，金处于西、北两面受敌窘境。

金为减轻压力，从中都迁都汴京，采取弃北图南的战略，进攻南宋，于是"南开宋衅，西启夏侮，兵力既分，功不补患"。结果，金北方尽失于蒙，南方受挫于宋，国土日蹙，国力日衰，在蒙宋夹击之下，"遂至失国"。

金共历九帝，前后一百二十年。疆域盛时北达今外兴安岭，南抵淮河，东临于海，西至陕西。

金朝的政治、军事及经济制度前后有所变化。女真部落联盟时采用国相制，国相与部落联盟长都勃极烈分治诸部。金朝建立之后，废除国相制，建立勃极烈辅政制，初设四勃极烈（原意为官长）：谙班勃极烈、国论忽鲁勃极烈、国论阿买勃极烈、国论昃勃极烈，以后又增设国论乙室勃极烈，组成皇帝以下的最高统治机构。金太宗时，占领辽、宋之地后，开始采用许多辽、宋制度。金熙宗时，对各项制度做了改革。金海陵王迁都中都（今北京），统一制度，又做了进一步的改革。金世宗时，各项制度大体确立。中央设尚书省综理政务，下设吏、户、礼、兵、刑、工六部分掌政务。地方设路、府、州、县四级。

金朝的军事制度是一种多成分的结合体，在原女真军制的基础上，广泛吸收了契丹、渤海、奚、汉等民族的军事制度，而有其自身的特点。金朝军事机构较为简化，重视骑兵的作用，也逐步建立和发展其他兵种，军队中民族成分复杂，实行签军（征兵）和募兵兵役制度，军事职官的地位较高。金朝的军制对后世的军制有一定的影响。

金朝的农业、手工业和商业是主要社会经济部门，各地区的经济发展存在很大差异。

金朝文化虽然保留和吸收了女真族的某些文化传统，但基本上是继承辽、宋的汉族文化。

金朝于天兴三年（1234）在蒙古军与宋军联合进攻下灭亡。

26 崛起于白山黑水间

❖ 时间：7世纪～11世纪

女真族是中国东北部少数民族中历久悠久的一个民族。女真先世称为肃慎，以后又称挹娄、勿吉、靺鞨。他们很早就居住在黑龙江、松花江、乌苏里江流域和长白山麓一带，与中原地区的汉封建王朝保持着联系。

粟末靺鞨与黑水靺鞨

公元7世纪初，靺鞨有几十个互不统属的部落。其中，以黑水靺鞨和粟末靺鞨最为强盛。

黑水靺鞨部落活动于长白山和黑龙江下游两岸，位于粟末靺鞨北部。

唐贞观五年（631），黑水靺鞨部落向唐朝纳贡，开始增加与中原汉族的友好往来。开元十四年（726），唐政府在其地设立行政机构。陆续设置了勃利州（在黑龙江与乌苏里江的汇合处）、黑水都督府，任命黑水靺鞨首领担任刺史和都督。

粟末靺鞨部落活动于粟末水（今松花江流域）以南地区。7世纪末，粟末靺鞨首领大祚荣统一各个部落。

开元元年（713），唐玄宗李隆基在此设立渤海都督府。粟末靺鞨首领大祚荣被封为渤海郡王，掌管渤海地区政权。渤海地方至此划归唐朝藩属，与唐保持着密切的联系。

渤海地区幅员辽阔，北起黑水（今黑龙江），南达新罗，东到海滨，西临契丹，辖区人口有十余万。人们种植稻、粟、豆、麦等。手工业也比较发达，能够制陶、纺织、酿酒等。渤海地区居住着大量的汉人，女真族用特产貂皮、海豹皮、海东青（猎鹰）、麝香、人参、马匹等和其进行物资上的交流。中原长安的汉文图籍、典章制度在这里生根发芽，渐渐融合，影响着女真族。

契丹的兴起与女真

唐末五代时期，契丹族建立的辽国兴起并走向壮大，对周边的邻国开始不断觊觎、垂涎。

926年，唐建立的渤海地方政权被契丹吞并，黑水靺鞨也归属契丹统治。"女真"的名称开始在书籍中出现。

契丹统治者对女真人采取分化、瓦解的管理政策。

他们强迫一部分与契丹毗邻的女真

人，南迁到辽东半岛等地，编入契丹人的户籍之中。这一部分迁徙的女真人被称做"熟女真"，同当地的汉人、契丹人聚居，在生活和生产上受其经济与文化的熏陶，逐渐融合；另外大部分的女真人，仍留在东北的白山黑水之间，因未入契丹籍，称作"生女真"，他们与外界接触较少，经济文化的发展相对缓慢。

11世纪初，契丹统治下的生女真族崛起了一个强大的部落——完颜部落。

完颜部落在首领绥可的领导下，生产有了一定发展。虽然仍旧以捕鱼狩猎为主，但已经开始从事农业活动，能够种植粟、麦等一些作物。随着农耕的不断进步，完颜部落还发展起畜牧业。他们用麻和猪毛织成布，外出劳作时围在腰间。

习惯狩猎游牧的生女真逐渐开始定居。

他们集中居住在按出虎水东南的阿什河流域沿岸：那里依山傍水，有森林峡谷，还有肥沃富饶的土地。当天气暖和的时候，他们就用树皮、树枝搭造住房；天气转冷的时候，就依山挖坑，在上面覆盖树枝和泥土御寒。

除了种植作物，建造房屋，女真人还学会了冶铁。

完颜部落渐渐脱颖而出，很多的邻近部落开始加入和归附，众部落纷纷以之为核心。一个崭新庞大的部落联盟渐渐有了雏形。

●金代贵族服饰复原图

11世纪中叶，完颜部落的首领乌古廼开始发展武装力量。他一边和族人制造铁犁，一边打造兵器。他们既用自己的产品和邻近部落交换，又用武力掠夺更多的财富，掠夺来的人口悉数被充做了奴隶。完颜部落的强大促使贵族和奴隶有了明显的阶级分化，私有财产和剥削也开始悄然出现。

生女真的崛起，让统治者契丹开始不安。随着民族矛盾和阶级矛盾日渐激化，他们之间的决裂、分崩离析已经在所难免。

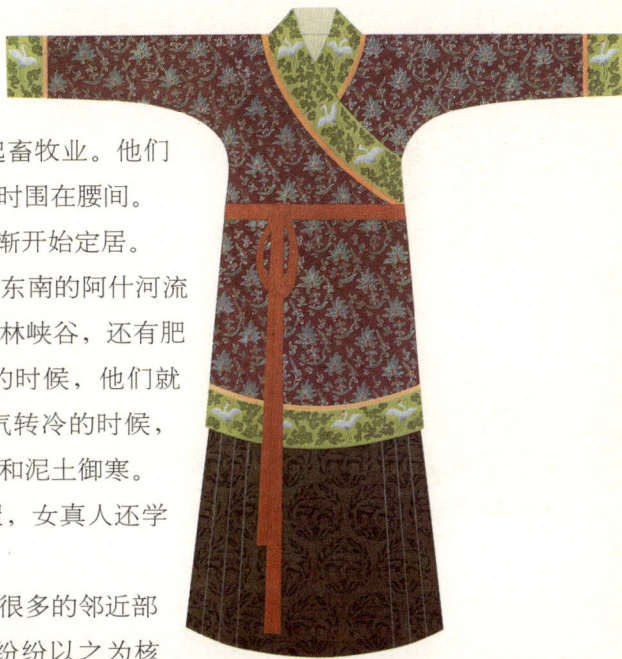

"头鱼宴"上的阿骨打

11世纪末，女真族中的完颜部落逐渐强大。完颜家族凭借部族武装，发起了统一各部落的斗争。从首领乌古廼、劾里钵到颇剌叔、盈歌，经过两世几代首领的共同努力，终于建立起了以完颜氏为核心的女真军事部落联盟。

由于客观条件所限，生女真自身经济文化一直比较落后，社会发展缓慢。其所居住地亦与辽国辖境相邻，这造成了辽国贵族长期欺压、役使邻近的女真族。契丹从建国之初，一直对女真横征暴敛，引起了女真族人极大的愤恨。

女真臣服辽国后，一边积极巩固自身的发展规模，一边不断和辽国进行种种斡旋与反抗。

部落联盟的新首领

完颜阿骨打是生女真部落联盟的嗣位首领。

完颜阿骨打生于咸雍四年（1068）七月初一。小时候和一群孩子游戏，他的力气比同龄的孩子都大，举止端庄稳重，深得父亲的疼爱。阿骨打亲历了族人长期在辽国契丹贵族的统治下，所遭受的奴役之苦。在执掌了女真部落联盟最高权力后，即不断巩固和加强联盟自身的实力，与部族内部的敌对势力做斗争，并利用女真人民的反辽情绪，积极调动整个部族的力量，暗中筹备反辽的军事准备。只待时机成熟，与辽分庭抗礼。

此时的辽国，无论政治、经济均已大不如前。"上下穷困，府库无余财"是它的现状。其统治集团内部更是倾轧角逐，争权夺利，如火如荼。辽的统治已经到了崩溃的边缘，危机四伏。

虽然辽已是日薄西山，但它对臣邦女真的压榨、剥削却丝毫没有减弱。

辽对阿骨打的嗣位没有产生多大的戒心。在辽看来，阿骨打仅是一名即位的酋长，和其他部落的首领毫无二致，因此，从没有将其放在眼里。

头鱼宴，崭露头角

天庆二年（1112）春，辽国天祚帝耶律延禧到东北春州（即长春州，位于今黑龙江肇源县西）巡游，在混同江（今松花江）捕鱼，令当地的女真各部酋长都到春州朝见。

按照当地的风俗，每年春季最早捕到的鱼，要先给死去的先祖上供，并且摆酒宴庆祝。因此，天祚帝在春州举办了头鱼宴，请酋长喝酒。

宴席中，天祚帝兴致很高，带着几分醉意，让在座的酋长们给他跳舞助兴。

酋长都是女真人，无不对辽心怀痛恨。然而，即使不情愿，谁也不敢违抗命令，大家还是陆续离开座位，跳起舞来。契丹、女真，均是能歌善舞的民族，酋长更是其中的佼佼者，可是当时大家跳舞的心境可想而知。

在一片热闹喧嚣的氛围中，唯独一个年轻人没有起身和大家一同载歌载舞。他神情冷漠，一动不动。这个人就是女真部落联盟的完颜阿骨打。

天祚帝认出他就是部落联盟大酋长乌雅束的弟弟。

见他没有和大家一起跳，天祚帝很不高兴，一再催促他。其他的酋长担心阿骨打得罪了辽国，也从旁劝他。可是无论大家怎么劝说，阿骨打只是"辞以不能"，仍旧岿然不动。

头鱼宴最终因阿骨打不欢而散。

● **金太祖阿骨打陵址**

位于阿城市南郊2千米，东距金上京会宁府遗址西垣约420米。为阿骨打的初葬地，素有"金源故地第一陵"之称。

阿骨打称帝建金

❀ 时间：1115

天庆三年（1113），女真部落联盟首领乌雅束亡故。完颜阿骨打继任都勃极烈成为了女真新的统帅。他是一位战斗中成长起来的军事家，在女真抗击辽国的征战中立下了汗马功劳。对于契丹辽国的统治，他一直充满着怨恨与仇视。

女真已经被辽国统治了上百年，奴役与压迫必然带来反抗。摆脱异族的奴役即成了女真的人心所向。

突破牢笼，谋求自立

阿骨打继位后，向辽国表示强硬态度。此外，他还率领日渐强大的女真族向外进行大规模的掳掠和扩张，为谋求更大的利益奠定基石。女真加强了一种叫做猛安谋克的政治、军事组织，用以壮大自身，同时与契丹抗衡。

天庆四年（1114）六月，辽国天祚帝封阿骨打为节度使。阿骨打接受辽朝授予的官职，将其作为开展反辽斗争的身份掩护，为反辽进行积极的筹划。女真的崛起，令辽有所警觉。辽国统治者一方面以名利官职进行收抚，一方面更加干涉女真的内部事务。

为了抑制阻挠女真联盟的继续扩张，辽国收留了因不服从阿骨打约束而叛逃的部落首领阿疏。阿骨打多次派使者到辽国索要未果，遂与辽国产生了纷争。

辽从叛逃的阿疏口中获悉了完颜氏密谋伐辽活动后，立即派使者前去责问。阿骨打对辽使态度鲜明："如果把阿疏交还我们，我们就进行朝贡。如果不能满足我们的条件，我们难道能束手就擒？"这样的回答，既维护了女真统一大业的尊严，又借机窥测了辽朝的虚实——"辽主骄肆废弛"是阿骨打获得的重要信息。这为阿骨打兴兵阿疏部落提供了主动权：不久，辽国派兵阻止阿骨打攻击阿疏城，阿骨打佯装退兵，后来又设计攻克该城。

女真对辽国的强硬态度，已经昭示：女真部族的尊严不容践踏，如果辽国横加干预，那么即使与其决裂也在所不惜。对辽国的挑战已初见端倪。

揭竿而起，建国大金

此时的辽国仍然对女真进行着残酷掠夺，而且变本加厉。捕捉海东青，纳

贡珍珠，敲诈勒索，压得百姓不堪重负。阿骨打准备正式起兵。在起兵前，他仍旧与辽国在表面进行交涉，暗地里则紧锣密鼓地统一各部落首领的思想。

天庆四年（1114）九月，阿骨打集合女真军队2500人在涞流河畔誓师起兵："我们世代侍奉辽国，诚心诚意地进行贡献，安守本分，帮助辽国平定了乌眷、窝谋罕的叛乱，打破了萧海里，有这样的功劳而辽国并不尊重，反而变本加厉地对我们进行压迫和侮辱。我们屡次要求交还罪人阿疏而辽国不肯遣返。现在我们将要向辽兴师问罪，苍天在上，愿见我们的诚心而加以护佑。"

这次战役，在宁江州城外进行，女真军队首先与辽将耶律谢十遭遇。阿骨打沉着指挥，身先士卒，适时出击，亲自射杀了主将耶律谢十，士气大振。辽军不敌，弃城而逃，被女真军追击歼灭。十月，宁州城破，阿骨打获得了起兵反辽后的第一场重大胜利。辽国天祚帝得知宁州失守的消息后，并没有重视，仍旧在庆州射鹿取乐。不久，辽国大将再次战败的消息传来，天祚帝才惶惶聚集群臣商讨对策。商讨的结果是，派部分军队前去镇压。这一年十月，辽国以萧嗣先为都统，率领10万大军迎敌，企图一举歼灭女真部族。

阿骨打闻讯后，主动出击，抢渡到辽军即将屯军的鸭子河，迎敌于出河店。当时正值十一月，天气寒冷，狂风大作，阿骨打见辽军尚未列成阵势，便乘风从三面包抄发起进攻。辽军大乱，未战而溃。阿骨打掠得车马辎重不计其数，取得了出河店战役的全面胜利。至此，女真军队已从最初的2500人发展到超过1万人，士气高涨，军威大振。

1115年正月，阿骨打正式称帝，国号大金，改元收国，定都会宁。

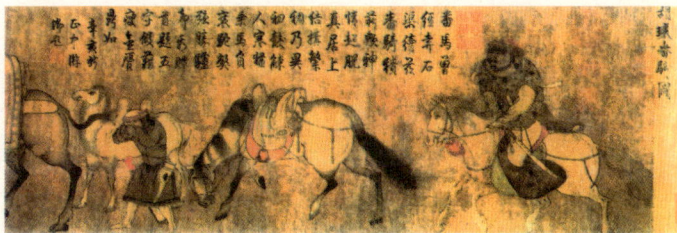

● 番骑图卷·金·佚名

　　金国建立后，阿骨打清醒地认识到，苟延残喘的辽国仍然是它的劲敌。若想新建立的政权能够生存下去，必须乘胜追击，将辽引向战争的深渊，直至将其推翻。

护步答冈之役

　　宁江州、出河店等战役后，辽军又屡屡战败，惨淡的战绩使得辽国的东方重镇达鲁古城、黄龙府相继失守。黄龙府被占，让辽国惊恐万分。在对阿骨打诱降和遣使议和都未能达到目的的情况下，辽主天祚帝准备御驾亲征。在黄龙府被占的当日，他即下诏发兵，号称70万，实际只有10万。以萧奉先为御营都统，耶律张奴为副，由骆驼口、宁江州分道而进。

　　这次亲征，辽主做好了充分的准备。

　　面对辽国此次的倾巢出动，阿骨打并不惧怕。

　　为了激励将士奋勇杀敌，他执刀仰天痛哭，说："当初和你们起兵反辽，只是因为无法忍受契丹的残酷迫害剥削，想要自己建国独立。现在辽主亲自来征讨我们，怎么办呢？除了与他们殊死一战，再没有其他办法了。不如你们杀了我一族人，你们去投降，便可以转祸为福。"众兵士见状，皆摩拳擦掌

说："事已至此，唯命是从。"于是，阿骨打再次率众出征。

　　金国众将领认为，辽军有70万，锋芒势不可挡。为了避免疲劳迎战，应筑深沟高垒，严加防守。阿骨打采纳了建议，在关隘交刺依地势防御部署。然而，8天之后仍没有辽军的动静。经过侦察得知，辽内部发生了耶律张奴政变，亲征的天祚帝已经匆忙西去平定叛乱了。得知这一情况后，阿骨打当机立断，从防御改为主动出击，派轻骑兵赶往护步答冈追赶天祚帝。

　　当时，金军骑兵只有2万人。和辽相比，处于劣势，不宜全线出击，否则

● **耳环·金**

这种耳环是用金浇铸而成，在开有缺口的圆环上铸有两枚橡子形的装饰，下有叶状物衬托。这种耳环多出土于黑龙江流域的金代遗址。

势必被辽军分割包围。阿骨打决定集中兵力，围歼中军。阿骨打说："他们人多势众而我们兵力少，我们不能分兵作战。看辽人的中军最为雄壮，辽国皇帝肯定在其中，如果打败了辽国中军，就可以取胜了。"金军先出动右翼，再出左翼合击辽军，辽军大败。

护步答冈之役，是阿骨打指挥反辽战争以来最关键的一次战役，是金辽之战的转折点，具有重要的战略意义。此前，辽军在兵力上占有绝对优势，但是因内部的政变，进一步加深了辽朝统治集团的分裂，辽朝政局陷入混乱之中，其优势不复存在，已无力组织起对阿骨打的有效防御，损兵折将，丢城失地，而金军则越战越勇。护步答冈取胜后，金国更从根本上扭转了己弱敌强的局势。

攻心为上，土崩瓦解

护步答冈之役后，金国的领地更加辽阔，从前的辽北、辽南，全部划归境下。为了加速灭亡辽国的进程，阿骨打开始利用辽国统治集团内部矛盾不断加深和民族矛盾尖锐激化的形势，从政治上分化瓦解辽国。

渤海本是粟末靺鞨建立的政权，其经济、文化发展程度较高，被辽国灭亡后，其居民被迫迁徙或流散逃亡，被称为渤海遗民。渤海遗民中的大部分人是女真人。他们足智多谋，骁勇善战，在乱世中，被辽征用，与金为敌。阿骨打在宁江州战役结束后，就开始招抚渤海人。他派军中的渤海族将士回去招谕其同乡："女真、渤海本来是一家，我兴师伐罪，不会滥及无辜的。"

●金代彩绘砖雕武士图

● 玉雕秋山山子·金

高12.8厘米。青黄玉质，局部有褐色玉
皮，玉工巧妙运用玉色琢成老虎和枫
叶，形象自然，风格朴实。

阿骨打这一政策取得了很大的成效。很多
渤海人先后投入了阿骨打阵营，为他效力。他
也从这些人中物色好的将帅之才留为己用。

阿骨打曾收留培养了一名渤海干将，后来
派其潜回渤海到反辽的高永昌军中做内应。

高永昌是阿骨打潜在的敌人，属于渤海
上层人物。在辽的统治下，高永昌逐渐和契
丹族产生了裂痕。他伺机杀了东京留守萧保
先自立，自称大渤海皇帝。高永昌控制辽东
50余州，势力庞大。这在客观上起到了牵制辽
国、动摇其统治的作用，但也形成了对阿骨打
潜在的威胁。

辽国视高永昌为眼中钉，曾发兵围剿高永
昌部。

高永昌初战失利，向阿骨打求援，提出了"愿并力以取辽"的合作
方式。

阿骨打对这一建议未置可否——他更希望能够借助辽国之力来镇压
高永昌起义，使其两败俱伤，这样对金国有利。于是，阿骨打拥兵作
壁上观，对高永昌的请求置之不理。当高永昌转败为胜时，阿骨打乘
高永昌军休整之时，发动突袭，大获全胜。随即派安插在渤海军中的
内应杀死高永昌家小，然后临阵捕获高永昌，在辽阳将其杀害。

为了彻底孤立和打击辽国统治者，阿骨打对于主动投降金国或作战
中被俘的契丹将领，均采取"服者安抚之"的策略。只要他们肯为金
朝效力，悉数委以官职。

随着两国战事连绵不断，辽国统治集团内部矛盾重重，分歧亦越来
越大。

天辅四年（1120）三月，辽国派遣使者向金求和。阿骨打认为是辽
国的缓兵之计，没有响应。同年五月，阿骨打亲率大军攻占了辽国的
上京临潢府，取得了继攻占黄龙府之后的又一次重大胜利。辽国朝野
震惊。军中不断生变，厌战和起义事件不断发生。

此时，天祚帝又做出了令辽国前途堪忧的举措：他听信奸佞之
言，对一部分主将失去了应有的信任。不久，辽国大将耶律余睹率

部降归金国。

耶律余睹是辽国皇室宗亲，颇有才干。在同金军作战中，屡立战功。他的军队有着很强的战斗力，对金军构成了一定的威胁。阿骨打在占领辽国上京临潢府之后，曾亲自写信向耶律余睹招降，但遭其拒绝。

天辅六年（1122）正月，耶律余睹被萧奉先诬为谋反，天祚帝决定处死他。耶律余睹在军中听说后，担心枉自被诛，立即率领家人及千余亲兵叛离天祚帝，投奔了金国。

阿骨打对耶律余睹的到来相当重视，尽其所能对他及部下进行妥善的安置。他亲自接见耶律余睹和他的官属，以宰相的礼遇为其接风洗尘。

阿骨打对耶律余睹不计前嫌，委以重任，封其官职，并令其立功受奖。

阿骨打的高瞻远瞩及博大襟怀，进一步提高了他在当时的威望，吸引了更多人投到了金国的大旗之下，参加反辽斗争。

辽国的大业在金国的旁敲侧击之下，已然摇摇欲坠。随着其统治愈加腐朽和没落，金的大举攻势也拉开了帷幕。

●官印·金

天辅六年（1122）六月，阿骨打在耶律余睹的引导下，攻克了辽国的中京，不久又攻下了辽国的西京大同府。同年十二月，阿骨打亲自带兵攻下了辽国首府燕京，天祚帝逃亡。天辅七年（1123），在辽国灭亡的前夕，阿骨打去世。其弟完颜晟继位，继续对辽作战。

天会三年（1125），辽主天祚帝被俘，辽国灭亡。

◆ 延伸阅读　金代服饰

金代服饰颇有讲究，男子的常服通常由四个部分组成，即头裹皂罗巾，身穿盘领衣，腰系吐鹘带，脚着乌皮鞋。它们的形制（包括样式、色彩、纹样），都有一些特点。金代服饰有一重要特征，是多用环境色，即穿着与周围环境相同颜色的服装。这与女真族的生活习惯有关，因女真族属于游牧民族，以狩猎为生，服装颜色与环境接近，可以起到保护的作用，冬天多喜用白色，春天则在上衣上绣以"鹘捕鹅""杂花卉"及熊鹿山林等纹样，同样有麻痹猎物、保护自己的作用。

30 金灭北宋

❀ 时间：1126

金国建立后，其周围先后并立着宋、辽、西夏等政权。多民族政权的盘根错节让当时的局势错综复杂。天会三年（1125），辽国灭亡。女真族长期遭受的奴役、盘剥从此结束。金国在长城以北的广大地区也重新确立了统治地位。然而，这对于金的统治者来说一切才刚刚开始，为了谋求更多的财富，赢得更为广阔的发展空间，他又把铁骑踏向了中原地区。

曾经是盟友

金全力打击、攻克辽国的时候，就已留意宋廷的一举一动。为了能够尽快消灭辽国，金对北宋采取结盟的方式，以清除南顾之忧。"海上之盟"即是金与宋订立的盟约。

北宋从建立之初，即与辽国有宿怨，其主要的矛盾是"燕云十六州"的归属问题。"燕云十六州"，地势险要，易守难攻，向来是中原抵御北方少数民族南侵的屏障。五代十国中的后晋石敬瑭将其献给了辽国，使得中原政权的北大门洞开，无险可守。为此北宋王朝一直想收复该地区，以解除来自辽国的威胁。然而，多次武力征讨，均未能如愿。随着金的崛起，辽国遭遇了前所未有的困境。北宋徽宗采纳了辽国降官马植的建议，决定与金共同抗击辽国，以期夺回"燕云十六州"。

金太祖天辅二年（1118），徽宗派使者出使金国。此时的金国，国势蒸蒸日上，已经攻占了辽国东京道50多个州的土地。但辽毕竟是大国，仅凭金的力量在短时间内难以达到灭辽的目的。

● 耳环 · 金

耳环以金丝编成圆形托底，内镶宝石，底托外围附一卷曲形金突；另有穿耳的金丝柄缀连，显示了金代高超的工艺技术。

在与辽国几年的角逐中，阿骨打逐渐意识到了这一点。因此他欣然接受了北宋缔结盟约的提议。

阿骨打亲自接见来使，给予热情款待，并明确表达了愿与宋朝联手灭辽的愿望。天辅四年（1120），北宋派使者马植再次出使金国。此次，徽宗提出，双方联合灭辽后，宋朝要收复"燕云十六州"。此刻的金国，对辽作战已经取得了全面的胜利。战事的告捷，令其对宋的态度也发生了转变。面对宋朝的提议，阿骨打提出了更为苛刻的条件回应，包括要给金国大批的岁币。徽宗收复燕云失地心切，全盘接受。其中这一盟约的签订，为北宋赢得了短暂的和平。金也从中受益，扫除了南顾之忧。

汴京之役

金太宗天会三年（1125）二月，金军俘辽天祚帝，辽国灭亡。金国灭辽后，即将进攻矛头指向中原，宋金之战拉开序幕。

天会三年（1125）冬，金国兵分两路，南下汴京：西路军由完颜宗翰统帅，从西京（今山西大同）直攻太原；东路由完颜宗望统领，由平州（今河北卢龙）进攻燕京。

金军南下过程中，西路军遭到太原军民顽强抵抗，一时无法向南推进。东路军则迅速向南行进，一路上攻掠了邢州、相州、浚州等地。黄河北岸的宋军，闻风而逃，不战溃败。守河的士兵甚至烧毁了桥梁，弃甲奔逃。

由于黄河北岸无人把守，金军从容用小船渡过了黄河。南岸的宋朝守军亦不敢抵抗。金军长驱直入，汴京危急。

此时的北宋统治者得知金军渡河，立即陷入空前的恐慌之中。群臣急忙聚集商议对策：一部分人主张放弃汴京，向金屈膝求和；另一部分以李纲为首的主战派则坚持抗金，保护北宋的都城。徽宗立即接受了求和派的建议，遣使向金媾和。同时，惊慌失措的他又匆匆将皇位传给儿子赵桓。自己则带着宠臣蔡京、童贯一行，连夜向南方逃奔。

此时，金军已经包围了汴京。

面对抗敌情绪高涨的军民，一心想求和的北宋王朝，不得不顺从民意组织抗金。主战派大臣李纲被提拔任用，主持汴京防务。

金军向汴京西侧的西水门发起了攻击。他们采取火攻，点燃几十

● **文姬归汉图·金·张瑀**

该卷描写蔡文姬在汉、匈侍从护卫下返回汉朝途中风尘仆仆的情景，作者着意刻画人物的内心世界。

只火船顺流而下。宋兵顽强抵御，金军接连的几次攻城，都被宋兵用弓弩、炮石打退，金军伤亡惨重。长驱南下的金军，遭遇了开战的首度失利。

不久，宋境各地的援军近20万陆续赶到了汴京。金军立时陷入了进退两难的窘境。这时，腐朽的北宋王朝却派出了使者前来求和。

金军利用求和之机，向北宋提出了苛刻的条件：割让太原、中山、河间三镇地方给金国；每年给金国进贡黄金500万两，白银5000万两，帛绢100万匹，牛马1万头；宋朝派亲王和宰相到金做人质，护送金兵安全渡河北还。

北宋为了休战，对于屈辱的条约全部接纳，并派康王赵构、少宰张邦昌前往金营。北宋政府的倒行逆施，立即激起了一片声势浩大的讨伐声浪。汴京军民群起响应，纷纷表达抗金、反对求和的意愿。

天会四年（1126）初，北宋政府迫于形势，再次组织抵抗，重新部署了都城的防御力量。未能顺利撤离的金军，亦开始了新一轮的攻势。他们多次集中兵力攻打西城门，均被击退。当攻打万胜门时，被炮石破坏的城墙也被军民用木石迅速补好，无隙可入。

汴京之战，金宋相持了近一个月。北宋军民在李纲的带领下，越战越勇，随着援军从四面八方陆续赶来，金兵被迫撤军。

靖康之耻

金军撤退后，经过了半年的休整。

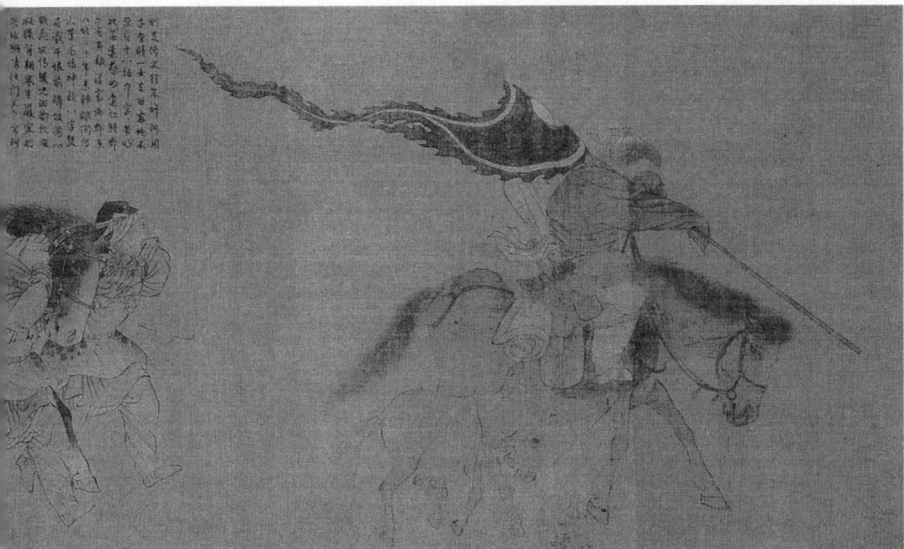

天会四年（1126）八月，金兵再次兵分两路南下：西路由完颜宗翰领兵，攻取太原；东路由完颜宗望率领，从保州（今河北保定）进军直逼真定（今河北正定）。同年九月，完颜宗翰攻破太原，宋朝守将王禀战死。真定亦很快陷落，知府李邈被俘，不屈而死。

这样，金兵顺利攻占了庆源府（今河北赵县）、经恩州（今河北清河）、大名府，并在李固渡过黄河。随即抵达黄河北岸的河阳（今河南孟县）。黄河南岸的12万宋军，被金兵吓倒，连夜溃逃。金兵再次顺利渡过黄河，直扑汴京。

此时的北宋统治集团仍然沉浸在醉生梦死、荒淫无度的腐朽生活中。当得知金军二次进攻汴京后，统治者竟把祸事归罪于李纲等人的身上，以打击主战派，幻想能够继续求和。

天会四年（1126）十一月，完颜宗望的部队抵达汴京城东北的陈桥驿，完颜宗翰也抵达汴京，两路成功会师。汴京再次告急。由于北宋当权者倾向割地求和，京城百姓义愤填膺，汴京城内军民自发组织起来抗击金军。金军围困汴京近一个月。闰十一月初，金兵乘大雪攻破汴京。钦宗皇帝到金营投降。

天会五年（1127）四月，金军俘虏了宋徽宗、宋钦宗以及宋廷嫔妃、宗室等3000人，在将宋廷库藏金银、绢帛、图籍、珍宝古玩等劫掠一空后，撤出汴京，班师北还。北宋灭亡。

金熙宗改制

❈ 时间：1135～1149

金太宗完颜晟晚年时，一改兄弟继承制的惯例，立太祖孙完颜亶为皇位继承人。天会十三年（1135），金太宗去世，完颜亶嗣位，即金熙宗。

金国灭辽和北宋后，占领的区域不断扩大，其中混居着契丹、渤海以及大批的汉人。为了巩固金国的统治，金熙宗顺应形势的要求，对统治制度一再进行了改革。

采用新官制

金熙宗首先废除了女真旧制，建立起一整套封建专制的中央集权制度。改革的主要内容是废除勃极烈制度，由三省制度取而代之。

金朝初期，朝廷的中枢机构是在皇帝之下，由出身宗室近亲、地位显赫并具有终身职务的几名勃极烈组成的会议。它是带有氏族残余的贵族议事机构，皇帝依赖它来裁决国家事务。由于勃极烈贵族会议的职能十分有限，而且任勃极烈的宗室大臣职责也没有明确的分工，因此很容易造成国家机器的低效率和无序运转。在勃极烈制度之下，国家大事更多地取决于参加勃极烈会议的宗室贵族的共同意见，而皇帝的个人意见，有时起不到决定性的作用。

因此，熙宗决定加以改革。事实上，在太宗在位的最后一年，就已颁布了"初改定制度"的诏书，准备废除原有的勃极烈制度。它的存在，已然大大影响了国家封建化的进程。

天会十三年（1135），金熙宗参照唐、宋及辽的模式，首先在中央实行了三省六部制。在皇帝之下设三师，即太师、太傅、太保，三师位高而无实权，专用来安置位尊权重的大臣；在尚书、门下、中书三省之上，又设置领三省事一职，仍无实权。熙宗通过这样的改革，把军权和行政权进行了分离：一些势力庞大的军事贵族被安插在此，军

权被剥夺。这样一来，军事大权悉数收归中央，旧贵族的能量被最大限度地削减。

在三省制度中，以尚书省为新的行政中枢机构，中书省和门下省的长官均由尚书省官员兼任。尚书省的最高长官为尚书令，其下设左、右丞相及平章政事。天眷元年（1138）八月，朝廷正式颁行新官制。原来的女真和辽、宋的旧有官职，均按照新规定进行统一换授。

这一系列的改革，大大加强了最高统治者的权威，亦提高了行政机构的运作效率。它分工明确，直接对皇帝负责，完全成为了皇帝实行君主专制统治的工具。

制定礼仪

新的官职颁布后，熙宗又着手对朝廷的礼仪制度进行改革。天眷二年（1139）三月，熙宗命百官制定详尽周密的礼制，开始着重改革。

这次革新，前后用了近10年的时间，但凡宗庙、社稷、祭祀、尊号、朝参、车服、仪卫及宫禁等多方面都进行了大量的建设。如：宫廷禁地，亲王以下者不能佩刀入内；新的朝参礼仪启用后，每月朔望日为朝参日，余下为常朝。不论朝参还是常朝，臣子都必身着汉式朝服，依照复杂的仪式行礼，然后才能奏事等。

●白玉大雁春水纹带饰·金

继承方式的转变

君位继承方式的改革，也是金熙宗改制的重要内容。

从前女真的传统继承方式是兄终弟及，从金景祖乌古廼到金太祖阿骨打，全部都是以兄终弟及的方式在家族中传承。即使太宗完颜晟在世时，仍然是立弟弟完颜杲为储嗣。后来完颜杲病逝早夭，作为嫡长孙的熙宗才得以继承皇位。皇统二年（1142）三月，熙宗将儿子济安立为皇太子，正式确立了父子相传的皇位世袭权。

这一革新，对皇权的加强有着重要的意义。

金熙宗时期的一系列政治改革，对金国的发展产生了巨大的影响。熙宗以后，直至金国灭亡，这套制度基本上没有变更，成为了金代的定制。

海陵王完颜亮

❈ 时间：1122～1161

海陵王完颜亮是金太祖的庶长子完颜宗幹的儿子，为人缜密，极有城府。与之同为皇族的完颜亶是其父完颜宗幹收养的义子，后来继承皇位。对此，完颜亮一直心怀不满。

弑君夺位

金熙宗当政之初，锐意进取，勇于改革，对宗室贵族也比较重用。完颜亮（1122～1161）是宗幹之子，又自幼和其一起长大，因此格外受到重视。

左副元帅印·金

皇统七年（1147）五月，熙宗封其为同判大宗正事，加特进。十一月，升任尚书左丞相。次年六月，完颜亮改任平章政事，十一月，又晋升为右丞相，在仕途上平步青云。

朝中宗幹、宗弼等重臣相继去世后，皇后裴满氏干预朝政，操控一切。完颜亮顺势依附了皇后裴满氏。由于受她赏识，不久即升任都元帅，掌握了金国兵权。熙宗对完颜亮的依附心存不满，但因是皇后的亲信，无可奈何。皇统九年（1149）三月，再次擢其为太保、领三省事。

由于皇后擅政，金熙宗大权旁落，加上太子夭折，变得日益暴虐，猜忌多疑。心情抑郁时即借酒消愁，醉后常滥杀无辜。与执政初期的熙宗判若两人。

皇统八年（1148）冬，熙宗先后杀死了亲王、大臣、嫔妃等10余人，皇后裴满氏亦未能逃脱。

熙宗的举动，令朝野震惊、骇然，一时间人人自危。熙宗人心尽失，逐渐孤立。朝政愈发混乱。

皇统九年（1149）四月，翰林学士张钧在起草诏书时因用词不当，被熙宗处死。完颜亮由于依附皇后，攀结权贵，在朝中颇不得人心，随即被左丞相宗贤参奏张钧之所为乃完颜亮主使。熙宗盛怒，将其贬为领行台尚书省事。

完颜亮在出京赴任的途中，路过中京。早有谋划的他，即与中京留守萧裕约定，如果他在河南起兵举事，萧裕则结纳猛安军接应。

完颜亮行至燕京南良乡时，被熙宗皇帝一纸诏书召还上京。完颜亮惊惧不

已，以为事情败露。回京后，熙宗授其平章政事之职，让其继续留京供职。一直处于惶恐中的完颜亮，不久即召集了曾被熙宗杖打过的右丞相秉德、尚书左丞相唐括辩、大理卿乌带等人，密谋废掉金熙宗。

十二月初九晚，密谋的三人串通好给事寝殿小底大兴国、近侍护卫十人长仆散忽土等，于寝殿刺杀了金熙宗。

金熙宗死后，完颜亮自立为帝，改元天德，降封金熙宗为东昏王。

🍃 初承大统，血腥杀戮

由于完颜亮是通过发动宫廷政变取得的帝位，因此一直心有顾虑：他担心有朝一日，别人也会效仿他的行径弑君。因此，他继位后即大肆杀戮，把所有他认为能够威胁到他帝位的人悉数赶尽杀绝。

同他一起发动政变的右丞相秉德、左丞相唐括辩等首先被杀。

完颜亮即位以前，秉德及唐括辩首先进行了密谋造反。由于完颜亮即皇帝位主要受护卫十人仆散忽土等人的拥戴，而不是秉德等人的本意。因此，一旦登基执政，必除之而后快。

天德二年（1150）四月，乌带奏告秉德等人有谋反之意。完颜亮遂将其贬为领行台尚书省事。不久，派使臣将其杀害，秉德的弟弟特里、纥里也全被诛杀。随后，大臣萧裕等又奏告太傅宗本、唐括辩等人参与谋反，有改立太傅宗本之意。完颜亮得知后，借召请宗本打球，将其处死，随即杀唐括辩。为了斩草除根，完颜亮再兴杀戮，开始打击皇室宗亲：杀完颜宗翰子孙30余人，杀太宗子孙70余人以及宗室50余人。

● 大同华严寺壁画·金

掌控大权的将士及众多女真贵族，也让完颜亮心有余悸。于是，他先将大权在握的左副元帅撒离喝调离原职，改任行台左丞相，驻军在外，命挞不野为右副元

帅去往汴京，分夺军权。撒离喝父子随后被诬告谋反，完颜亮借机杀之。在削夺了诸多实权者后，完颜亮开始镇压大批不服从管理的女真贵族，进一步巩固其地位。

海陵王完颜亮的残暴嗜杀，令朝野谈之色变。这种极端的做法，虽然为他扫清了登基即位后进行大刀阔斧改革的障碍，也让曾经繁盛一时的金室宗族，凋零殆尽。

●双鱼纹铜镜·金

铜镜直径18厘米，背面铸有海水双鱼，绕镜钮游泳。女真人的发祥地河流众多，双鱼铜镜是深受女真人喜爱而具有地方特色的用品。金朝官廷内的"镜舞"就是由舞者执鱼纹铜镜起舞。

满腹经纶，革新政治

完颜亮自幼博览经史，满腹才学。由于深受汉学影响，因此，在施政方针上，他和熙宗一脉相承。

用人方面，他大胆起用汉人、契丹人及渤海人。即使在三师、宰执、尚书令等重要职位上，也不例外。完颜亮在大杀女真贵族的同时，更多地吸收了其他民族的优秀人才加入其统治行列中来。这样的做法，打破了自阿骨打建国以来，朝廷大权皆为女真宗室贵族所垄断的局面，也对促进女真族的汉化起到了积极的作用。

完颜亮继位的第二年，即着手废除了熙宗时的行台尚书省的设置。他把原来汴京行台尚书省所管辖的河南、山东地区划归中央直辖，让政令统一于朝廷。同年，完颜亮又废除了都元帅府，改置枢密院主管军事。由于枢密院受制于尚书省，枢密使不直接统兵，因此权力大大削减。

与此同时，完颜亮还对军制进行了整改。熙宗时期曾把猛安谋克分成上中下三等，以宗室贵族为上等。完颜亮执政后，取消了这一划分的等次，其目的是为了降低宗族猛安谋克的地位。随后，他还诏令罢废女真贵族的世袭万户之职，进一步限制宗亲显贵的权势。

弃女真故地，迁都燕京

完颜亮在位期间，采取的一项最重要的改革措施就是迁都燕京。

金国当时的都城上京会宁府，是女真族帝业肇始的基地。完颜亮认为，金国日渐强大，成为一个有着横跨长城南北，拥有北方广大地区

的大王朝，仍旧蜷缩在祖业旧地中非常不合时宜。因此，在镇压了女真旧势力之后，就颁布了求言诏书——内外公卿，庶民百姓都可上书建策。于是，许多人都上书提议，上京远在一隅，作为都城、王朝的统治中心多有不便，以迁都燕京（今北京）为宜。

得知皇帝有迁都意向后，许多朝中大臣，尤其女真旧贵族纷纷表示反对。在他们看来，上京有旺盛的"帝气"支撑国家长盛不衰，况且，上京是祖宗的根基所在，故土难离，不能轻言放弃。对于扑面而来的异议，完颜亮没有理会。

天德三年（1151）四月，完颜亮下诏迁都，并选派尚书右丞相张浩主持新燕京都城的修建工作。上京的现有都城十分陈旧、简陋，很不合完颜亮的心意，因此他打算在燕京重新修建。张浩仿照汉人的都城宫室修建新都：宫殿九重，内外三十六殿，楼阁规模宏大，皇帝居中，皇后居后，内省在东，妃嫔在西。

新的都城用了三年完工。天德五年（1153）三月二十六日，金正式迁都。由于燕京中的"燕"曾是先秦列国的名号，因此迁都后被改名为中都。同时，辽中京大定府改为北京，汴京改为南京。这样，加上辽阳府的东京和大同府的西京，五京之制齐备。都城南迁之后，金国的政治中心从女真族的故地转移到了中原汉人居住的地区，这不仅有利于加强对中原地区的控制，更重要的是，由于中原地区的文化、生产水平较高，因此对金的发展，尤其是对女真的汉化，有着重要的意义。

● **白瓷小口黑花罐·金**

罐高31厘米，口径5厘米，底径11厘米。器形优美，釉色莹润，在白瓷地上以黑点点缀花草，图案多样，极富情趣，为金代瓷器中的佳品。

为了彻底断绝女真贵族的故土之恋，完颜亮迁都后即在中都营建陵墓，把太祖、太宗的灵柩从上京迁到这里安葬。并于十月间，将上京的旧宫殿、女真贵族的旧宅邸、寺院等处夷为平地。

这些举措既沉重打击了守旧的女真贵族，同时也表明了完颜亮誓同女真旧制决裂的决心。迁都后的完颜亮，仍在熙宗改制的基础上，继续加强改革的步伐。对中央官制、科举制度等都陆续进行了相应的调整。

完颜亮的改革，为金国的持续发展打下了良好的基础。在他之后，金国进入了极盛阶段。

③③ 金宋之战

❖ 时间：1128～1219

金国建立后，频频向外发动战争。继辽国灭亡后，又发起了对宋的攻击。金太宗天会五年（1127），北宋灭亡。随后，金为进一步掠取中原，从1127年起先后数次南下，向南宋发起大举进攻。

天会六年（1128），金军发兵直逼扬州。南宋高宗逃往江南，金军占领建康府。天会八年（1130），金军撤兵时，遭遇宋将韩世忠堵截，在黄天荡被围困40余天后才得以解围。建康随即被南宋收复。天会八年（1130），宋金发生川陕之争，宋军不敌，在富平惨败——金的作战方针自此发生了转变：由全面进攻，改为东守西攻，集中力量进攻川陕。这样能够控制长江上游，为从西北进军，迂回包围南宋创造有利的条件。

兵败仙人关 ....

金军在攻克了陕西后，打算进兵四川。

宋军失利后退守和尚原等地，凭险设防，阻止金军入川。

天会八年（1130）冬，宋川陕宣抚司都统制吴玠鉴于和尚原与后方距离遥远，担心军粮不继，难以持久，便亲率守军主力退屯仙人关，控制入川的隘

口。吴玠在仙人关右依山据险修筑了堡垒"杀金坪"，与仙人关互为依托。

次年冬，金军元帅左都监完颜宗弼率军攻占和尚原，守将吴璘（吴玠之弟）率军退屯阶州。吴玠又在仙人关险峻之处设置第二道防线。

天会十二年（1134）二月，完颜宗弼与陕西经略使完颜杲（即撒离喝）、伪齐四川招抚使刘夔在凤翔府（今陕西凤翔）、宝鸡等地，集结10万大军，进攻仙人关，决定以此为突破口，进军四川。

金军在仙人关以北的铁山凿崖开道，顺岭东下直奔"杀金坪"。在"杀金坪"，金军扎营40余座，与宋军展开对垒。退守阶州的吴璘闻讯后，立即率部赶来增援。二月二十七日，金军开始进攻仙人关，被吴玠军击退。随后，金军架炮数十座攻击宋军，并架起300座云梯攻"杀金坪"营垒。宋军在吴玠的率领下，用炮石、长枪、撞杆对抗。双方展开激战。

完颜宗弼久攻不下，于是将军队一分为二，亲率精兵进攻东侧，骁将韩常则率另路袭击西侧，轮番与宋军厮杀。宋军退守第二道防线。金军接踵而至，精兵身披重甲，铁钩相连，鱼贯而上。宋军以强弓劲弩进行还击，金军被击退。

三月，完颜杲集结兵力攻营垒西北楼，纵火焚烧楼柱。宋军持长刀、大斧，左右冲杀，再次将其击退。夜里，吴玠乘金军疲惫，在四面山头燃起火把，鼓声震天，率精锐部队分兵两路冲入金营。金大将韩常受伤，金军死伤数万。次日，金军打算改道七方关、白水关入川，被宋军识破。吴玠暗派精兵迂回敌后偷袭，金军溃败，伤亡惨重。

完颜宗弼在仙人关接连遭失败后，被迫撤军。宋将吴玠乘胜追击，收回了凤州、陇州以及秦州失地。

同年五月，宋廷派大将岳飞率军反击，成功收复襄阳府等地。九月，完颜宗弼与伪齐政权合兵进犯西淮，遭遇岳飞、韩世忠军抗击。不久，金太宗病危。金军再次撤退。

顺昌失利

天眷二年（1139）秋，完颜宗弼撕毁了刚刚订立的宋金和约，杀死了主持和议的大臣，执掌军政大权。次年五月，他发动大军，向南宋发动全面进攻：完颜杲率军进陕西，孔彦州取开封，王伯龙进军陈州，李成下洛阳，他自己亲自率领主力部队直奔亳州、顺昌府。

此时，南宋新任东京副留守刘锜，正率领八字军和殿军卒3万余人在赴任的途中。经水路到达顺昌（今安徽阜阳）时，刘锜得知了金军已经攻占东京开封，且前锋距离顺昌只有300里的战报。他与知顺昌府陈规商议决定，在顺昌府就地坚守。宋军情绪高涨，"男子备战守，妇人砺剑"，企盼与金军决一死战。

●吹笛童俑·金

五月二十五日，金军大将韩常和翟将军的兵马首先到达顺昌城外，在城北30里的白沙龙涡安营扎寨。金军派出数十名游动骑兵涉过颍河，到顺昌城下探听消息。刘锜设下埋伏，活捉了两名骑兵。从他们口中探听到了金军的情况。当晚，刘锜派遣千余名士兵偷袭敌营，金军不防，被杀伤数百人。

二十九日，金军包围了顺昌城。刘锜大开城门，四面出击，城上

● 陶版四件·金

建筑构件。泥质灰陶，正方形，版面分别刻有武士与夔凤纹。人手持兵器，双目圆睁，神态十分生动，此器对研究金代陶器具有很重要的参考价值。

的守军与冲锋陷阵的将士配合作战，用弓箭射退金军，并乘胜追击。金军被杀伤无数，很多士兵被追进河中溺死。当晚，天降大雨，宋军500人趁雨势偷袭金营。金军乱作一团，士气大伤。

六月，完颜宗弼统帅大军攻打顺昌城，再次将其包围。

宋军在颍河上游和城外草中撒播毒药，金军人马纷纷中毒，战斗力被大大削弱。宋军趁势分派部队轮番出城作战，金军不敌，死伤近2万人。宗弼不得已，退兵城西扎营休整。由于一直天降大雨，宋兵又不断派人来袭击，军中人心惶惶，不得安宁。宗弼无奈，六天后引兵撤离顺昌城。

郾城、颍昌之败

顺昌之战后，金军退回东京。

宋廷派大将岳飞乘胜北征收复中原。

天眷三年（1140）闰六月，岳飞先后收复颍昌、陈州、郑州、洛阳等重镇。金军的东西联系被切断，形势紧张。

完颜宗弼为了扭转战势，利用岳飞军一路北上、孤军深入之际，亲率1.5万骑兵，奔袭岳飞驻地郾城，企图一举摧毁岳飞军的统帅机构，粉碎其反攻计划。

七月，金军进至郾城扎营列阵。

岳飞探明了金军情况，派岳云率亲兵与金军鏖战，再派骁将杨再兴出击。双方激战之时，岳飞亲自上阵，射杀金兵无数。宋军士气大振，奋勇抗战。

完颜宗弼见久战不决，派出身披重甲的"铁浮图"、"拐子马"精骑师参战。岳飞派步兵持提刀、大斧入阵，砍斫马足。金军再次陷入被动。从午后战至天黑，伤亡重大。完颜宗弼整合残部仓皇撤离。

郾城失利后，完颜宗弼耿耿于怀，为了扭转战局，又率军攻取与郾城、颍昌相邻的临颍城。然而，再次遭岳家军的猛烈进攻，失利后

退守东京。

宋廷没有乘胜追击，于皇统元年（1141），同金达成和议。

此后，双方在力量相当的情况下，维持了一段较长时期的稳定局面。

短暂的宋室北伐

泰和六年（1206），南宋宁宗当政时期，主战派的伐金论调甚嚣尘上。总揽军政大权的韩侂胄在没有做好充分准备的情况下，向金发起北伐之战。虽然声势浩大，但由于诸将不协很快败了下来。金军乘势南下。宋廷迫不得已，杀了韩侂胄，再一次求和。

女真的没落之役

随着北方蒙古的崛起，金与蒙古的战事不断升温。金的国力衰退，已大不如前。

为了弥补在战争中的损失，金廷于贞祐五年（1217）分兵向南宋的川陕、荆湖地区发起进攻，均被宋军击退。兴定三年（1219）正月，金国以仆散安贞为统帅分兵三路，倾其全力在西自川陕，东至江淮的广大地域，向南宋发起全面进攻。在大安军（今陕西宁强西北）、枣阳（今属湖北）、濠州（今安徽凤阳）等地相继失败，全线进攻南宋的计划彻底破灭。

宋金战争前后持续了百年之久。最初，金的国力处于上升阶段，意气风发，战事连连告捷，直至灭亡了北宋。后期，由于战线的拉长、拓宽，诸多的问题逐渐暴露。随着金国鼎盛时期的衰逝，轻取偏安一隅的南宋，统一南北江山的梦想彻底破灭了。

延伸阅读 金代交钞

金贞元二年（1154），朝廷接受蔡松年的建议，恢复钞引法，开始发行交钞（纸币）。早期的交钞与铜元可以自由兑换，既可以"纳钱换钞"，又可以"纳钞换钱"，故其币值比较稳定。先是七年为限，到期换领新钞，旧的作废；后来取消期限，长期使用，破烂以后即可换领新的。这在纸币史上是一大进步。但到金代晚期，由于政治、军事及经济等各方面原因，对交钞失去了控制，通货膨胀，民不聊生，变成"专经交钞愚百姓"。到金朝快灭亡时，落到"百金唯易一饼"的地步，钞票形同废纸，"市肆昼闭，商旅不行"，不数月而国亡。

名将完颜宗弼

❖ 时间：？～1148

完颜宗弼（？～1148），女真名为斡啜，又作兀术、斡出、晃斡出，金太祖完颜阿骨打第四子。他曾多次参与灭辽、灭北宋的战争。皇统八年（1148）病逝。是宋金对峙时期杰出的军事家和政治家。

🍃 出身皇族，恰逢乱世

完颜宗弼（？～1148）作为金太祖第四子，在幼年的时候，即随从阿骨打起兵反辽。

生长于乱世中的完颜宗弼，自小深受其异母兄宗峻、宗幹、宗望、宗辅等的影响。他们均是金军的重要将领，骁勇善战，在这些猛将身边长大，完颜宗弼逐渐成长为一位杰出的将领。

天辅五年（1121）十二月，金太祖发动第二次大规模反辽战争，完颜宗弼初次披甲，随从叔父完颜杲出征。

天辅六年（1122）正月，金军克辽中京（今内蒙古赤峰宁城）。在一次偷袭辽天祚帝的行动中，军过青岭，宗望带领宗弼率少数兵马遭遇辽兵。战斗中宗弼弓箭用尽，就夺过辽兵的枪，刺杀8人，生擒5人，显示出过人的本领。

🍃 搜山检海，一战成名

金灭辽、北宋后，赵构逃往南方建立南宋。

天会六年（1128）七月，金太宗派遣宗辅南下追击逃往扬州的宋高宗。宗辅从河北出发，宗弼率其部为先锋，先后攻占濮州（今河南濮阳附近）、开德（今河南濮阳）、大名等地。金军分道进讨。

宗弼进兵归德（今河南商丘），在城壕上架起火炮，城中守军不战而降。一路过关斩将，沿途宋军非败即降。在长江北岸重镇和州（今安徽和县），又大败郦琼一万余人的守军。宗弼欲从采

● 耀州窑鸭莲水丞·金

高5.2厘米，敞口，弧壁，鼓腹，圈足。器外体满施青黄色釉，腹部采用刻花之技法，绘水波游鸭，其图案纹样与宋代相比已趋于简化。

石矶渡江，在渡口遭到宋知太平州郭伟的阻击，一连三日均不得渡。于是便转向马家渡，大败守军，斩宋统制陈淬。十一月，宗弼率军渡江，进至江宁以西20里的地方，打败宋将杜充率领的步兵、骑兵6万人，宋将陈邦光率江宁府投降。

宗弼分派诸将攻打附近的城池，自己则统率大军，直奔临安府（今杭州）。宋高宗闻临安不守，又奔往明州（今浙江宁波）。宗弼派阿里、蒲卢浑为先锋领精兵4000追袭宋高宗；又派讹鲁补、术列速取越州，击败宋将周汪部。阿里军连破宋军，渡曹娥江，逼近明州。由于宋守军接连不敌，宋高宗登船逃往海上。宗弼随后率军赶到，取明州城。阿里、蒲卢浑渡海到昌国县（今浙江舟山岛），俘虏宋明州太守赵伯谔，得知宋高宗已取道温州逃往福州，又入海追击。金军南下不久，不惯水战，又受到宋海上水军的阻击，于是退兵。宗弼率军返回临安。天会八年（1130）二月，宗弼搜山检海已毕，带着从江南各地掠夺的大量金银财物沿运河北还。临行前将临安古城付之一炬。

此役，完颜宗弼领兵追击赵构，攻城略地，在不到两年的时间里，多次大败宋军，战无不胜，攻无不克，直把赵构逼往海上遁逃。此番"搜山检海"，终因战线太长，难以作最终的占领，遂北还。

❦ 屡败屡战，名将本色

完颜宗弼对宋作战10余年。他与宋军名将韩世忠、吴玠、岳飞等多次交锋，其中各有胜负。在困顿的战役中，他亦往往百折不挠，展现了一个统帅的魅力。

天会八年（1130），完颜宗弼离开临安北还。韩世忠率水师在镇江截其于焦山、金山之间。完颜宗弼乘夜到镇江金山龙王庙侦察，险被韩世忠伏兵所俘。

此后双方在长江上展开激战，金军多次被宋军重挫。金军溯江而上，韩世忠亦率军沿江追击，且战且行，将金军逼进死港黄天荡，进退无路。10万大军被困长达40日。处境危急中，完颜宗弼得乡人建议，一夜之间凿通老鹳河故道30里，方始逃出黄天荡。撤退到建康（今南京），又遭岳飞阻击，遂折返黄天荡，并决定从此渡江，与来援的金军会师。于是又遇到韩世忠水军，宋军凭舰船优势，再一次获胜。宗弼出榜招贤，寻得破敌之计。在四月二十五日，天气晴朗，江上无风时出击，采用火攻，大败宋军，遂得以渡江北归。

黄天荡之战，金军地理陌生，又不习水战，一直处于劣势，完颜宗弼能够及时收集情报，听取当地人的意见，遂反败为胜，但宋水师的威力也让他心有余悸，便主张不再南下攻宋。

天会八年（1130）秋，自江浙回军不久的宗弼，又同宗辅一起转战陕西。

"富平之战"，宗弼以少胜多，战胜由张浚、吴氏兄弟率领的宋军，占领了陕西五路大部分地区。天会九年（1131）冬，宗弼率部入四川，再次与吴玠、吴璘兄弟相遇，大战于和尚原（今陕西宝鸡西南）。此役宗弼被打得大败而归，损失兵将过千，自己也受了箭伤。天会十一年（1134）冬，宗弼率兵突袭，一举拿下和尚原。此后，宗弼进取仙人关，半路又被吴氏兄弟大败，无奈退往秦中。宗弼见力战吴氏兄弟均无法取胜，遂以智取。利用宋高宗的软弱畏战，于皇统元年（1141），致书宋高宗，要求其召还吴氏兄弟，并许下"所有淮上大军，使至日诸道班还"的空头支票。高宗看了，大喜过望，诏令吴氏兄弟不可再与宗弼作战。宗弼于是不战而胜。

自天会八年（1130），宗弼从临安北返遭岳飞阻击开始，两人接连在藕塘、颍昌等地多次交锋；郾城之战，完颜宗弼赖以成名的"拐子马"被岳军以麻札长刀打败，主力受挫；朱仙镇，又大败于岳军，令完颜宗弼不禁长叹："撼山易，撼岳家军难！"面对自己从来没有赢

● 华严寺飞天壁画·金

过的岳家军，完颜宗弼再次利用南宋朝廷对岳飞的猜忌，反间成功。宋高宗自毁长城，杀掉岳飞，完颜宗弼得以长驱直入，渡淮河，破泗州、濠州等地。皇统二年（1142）二月，逼南宋朝廷签订不平等的"皇统和议"，南宋向金称臣，输纳岁币银、绢。

出将入相，安邦治国

完颜宗弼不但是一名难得的军事统帅，也是一名有远见卓识的政治家。天眷元年（1138），完颜宗磐和完颜宗固先后被杀；皇统元年（1141），宗弼升为左丞相兼侍中，仍任都元帅，领行台尚书省事。虽总揽军政大权，然积极支持熙宗改革。

金夺回河南、陕西后，行台尚书省从燕京迁到汴京，主要掌管原伪齐（1130年，在完颜宗翰"北人归北、南人归南、中原人归中原"的政策下，金朝册立原宋济南知府刘豫为大齐皇帝，建伪齐政权）统治地区。宗弼在行台革除伪齐弊政，采纳范拱的建议，减旧税三分之一，百姓得以复苏，又令原伪齐诸军将士解甲归田，人心大悦。

在选拔官吏上，宗弼亦有过人之处：先后选拔任用了文人蔡松年、曹望之、许霖、张之周等，这些人直到海陵王、世宗时都是理财名臣。这些积极措施的采取，使北方社会经济得到一定恢复。

宗弼扶植的汉官，大多数是原宋朝旧臣，他们与金初重用的原辽朝汉官韩企先、孟浩、田珏等人有矛盾。皇统元年（1141），宗弼返京师辅佐熙宗，任蔡松年为刑部员外郎，开始在朝廷扶植新汉官集团。皇统六年（1146），右丞相韩企先病卒，田珏被宗弼排挤出朝。皇统七年（1147）六月，又借故杀田珏、奚毅等多人，孟浩等34人亦被指为同党迁徙海上，尚书省为之一空。宗弼扶植的新汉官集团代替了旧汉官集团，也进一步推进了熙宗改革。

《金史·宗弼传》赞曰：宗弼将宋高宗逼迫到海岛之上，最终签订了以淮水为界的和约。熙宗将河南、陕西全部还给宋朝，而纠正这一错误做法的还是宗弼。宗翰去世后，宗磐、宗隽、挞懒等人沉溺于富贵之中，各自都有称王称帝的野心。当时如果没有宗弼，金国的形势就危险了。世宗曾经说过："宗翰去世后，值得称赞的大臣只有宗弼一人。"这话恰如其分。

明君金世宗

❀ 时间：1161～1189

金世宗完颜雍（1123～1189），女真名为乌禄，是金太祖完颜阿骨打的孙子。完颜雍自幼生长在上京，13岁时父亲完颜宗辅去世，由母亲抚养长大。完颜雍性情沉静平和，自小受母亲教诲，饱读诗书，具有很高的汉学修养。另外还善于骑射，富于谋略，备受国人爱戴。

⌘ 海陵王南下，世宗登基

海陵王完颜亮当政时期，对宗室异常顾忌，从不委任以重任，并常派人暗加监视。完颜雍为了保全自己，将大量的奇珍异宝献给了海陵王，以此打消他的疑忌。但是完颜亮对其仍不放心，派了心腹高存福担任东京副留守，侦察他的动向。

正隆六年（1161）九月，完颜亮兴师南下侵宋，国内反战情绪空前高涨。西北、东北均陆续爆发了契丹农牧民的起义。义军很快攻陷韩州（今辽宁铁岭），占据咸平（今辽宁开原附近），转而将矛头直指东京。完颜雍觉察形势有变，便派人打造兵甲，以作抵抗。

东京副留守高存福见完颜雍有所举动，立即上奏完颜亮，言其图谋不轨。

● 得医图壁画·金

完颜雍得知后，感到了危机。想到完颜亮杀太后等贵族的种种残忍之举，愈发紧张。于是便和心腹谋士李石商议对策。李石建议，先杀东京副留守高存福，然后起兵举事。这一年十月，完颜亮的部下完颜福寿由于不愿攻宋，出征途中哗变，率

部2万折回东京。完颜福寿杀了留守高存福，拥戴完颜雍继位。

完颜雍登基，改元大定，即为金世宗。

金世宗即位之初，时局极不稳定。西北的契丹大起义如火如荼，与南宋的战争也在进行中。有海陵王之失在前，想要建立起一个稳固的统治集团，必须采取一系列新的措施。

统治初期

世宗分析了当下的形势，首先决定，集重兵镇压契丹农牧民起义。

大定元年（1161）十二月，义军首领窝斡称帝，建年号天正，并领导契丹起义军转战临潢府与泰州（今吉林洮南一带）之间，声势浩大，屡创金军。

大定二年（1162），世宗任仆散忠义为平章政事兼右副元帅、纥石烈志宁为元帅右监军

●罗地绣花鞋·金

统率诸军，倾尽精锐镇压窝斡军。六月，金军与其在花道、袅岭一带决战，金军大获全胜。八月，再败之。世宗在派兵镇压的同时，不断派使者进行招抚诱降。义军中的大将军斡里袅、猛安七斤、蒲速越等人先后降金。

契丹起义被镇压后，世宗下诏废除契丹猛安谋克，编入女真猛安谋克中。参加起义的契丹人被陆续迁徙到女真内地，与女真人杂处，接受女真官员的直接统治。不久，河北、山东、河东等路北方各族的起义亦被相继平定，统治秩序很快恢复如初。

虽然国内的形势稳住了，但是对外的战争还没有停止。

世宗吸取海陵王穷兵黩武的教训，将南侵被征的兵士撤编遣散，仅在边界屯守兵力10万。为了能尽快与宋休战，世宗再派使者与宋和谈。

时值南宋孝宗当政，由于急于收复失地，正准备兴师北伐。于是世宗期盼的和谈失败。大定三年（1163），南宋发兵北伐。金调派左丞相仆散忠义、左副元帅纥石烈志宁统率重兵进行反击，宋军连败。五月，双方大战于符离（今安徽宿州），宋军惨败。宋孝宗被迫遣使求和。到十一月，和议基本达成。大定五年（1165），双方正式议和：

宋向金称侄，每年给付岁币20万两、帛绢20万匹。从此，双方30年间没有再发生大的战争。

大定治世

局势陆续稳定下来后，世宗开始在国内进行大刀阔斧的革新。

首先在用人上，世宗采取了兼容并包的措施。不论曾经是受过海陵王重用还是曾经反对过他又降附的人，也不论是女真贵族、汉人还是渤海人，只要有才干，均一视同仁，予以任用：海陵王时期的尚书令张浩，仍被封太师、尚书令；纥石烈志宁、白彦敬等曾率重兵镇压契丹起义，又谋划进攻完颜雍，并连杀完颜雍派去的使者9人。降服后，世宗爱其将才，不计前嫌，仍令其统兵，委以重任。

这些政策的颁行，深得人心，统治阶级内部的关系很快得以理顺，混乱的局面逐渐结束。世宗在位30年，任用了宗室完颜

● 坐龙·金

阿城会宁府遗址，为金上京，这件铜龙即出土于该遗址。龙呈后肢伏地的躬身蹲坐姿态，这种静坐姿态的龙，通常只出现在建筑物等的饰件中。龙的造型较粗放，尖吻，张口露齿，鬃毛向后飘扬，左前足直立踏地，右前足上抬，以足爪扶按云朵，姿态呆滞，具有地方造型特色。

贵族7人，非宗室女真人15人，汉族14人，契丹、渤海2人。与前朝帝王相比，切实做到了唯贤是举，人尽其才。

在政治制度上，世宗基本沿袭了海陵王时的成制，只是在施政方针上做了相应的变更。海陵王崇尚吏治，刚愎自用；金世宗则务施宽政，虚心纳谏。他多次下诏内外大小官员上书直言，为其选拔人才出谋献计。

世宗还在前朝的官职、礼仪制度基础上，做了进一步修订。如：海陵王时尚书省宰执为7人，并废除了熙宗时的平章政事官职。世宗则改为增设9人，并恢复平章政事一职。

在文化上，世宗摒弃了先人的一些做法：从前的政令推崇汉学，轻视女真的固有文化。对此，世宗采取兼容并蓄的做法，既不抛弃女真文化，又利用、吸收汉文化以提高女真民族的文化水平。

在经济上，世宗也做了一定程度的改革。金代以农为本，为了促进农业生产，世宗在平定契丹起义、结束了对南宋战争后，大量撤编裁军，令其归农。由于海陵王时期苛捐杂税多如牛毛，民生艰难，世宗即实行轻徭薄赋、与民休息的政策。遇到灾年，则免除租税，减免劳役。

与宋议和后，金陆续恢复并增设了与南宋、西夏的榷场，保证了国内经济、贸易的稳定发展。

世宗统治期间，政局相对稳定，经济也得到了较快的发展。仓廪充实，人民生活安定，文化开始走向繁荣。

大定二十九年（1189）正月，金世宗病故中都福安殿，终年67岁。章宗时谥为圣明仁孝皇帝，葬于兴陵。

◆ 延伸阅读 全真教

全真教又称全真道或全真派，是金代兴起的北方三个新道派中最大和最重要的派别，因创始人王重阳在山东宁海自题所居庵为全真堂，入道者称全真道士而得名。全真教创建于金大定年间（1161～1189）。全真教是后期道教最大的派别之一，元代以来与正一道一起延续至今。全真教三教合一的思想非常鲜明，这是其重要的特征之一。全真教仿效佛教禅宗，不立文字，在修行方法上注重内丹修炼，反对符箓与黄白之术，以修真养性为正道，以识心见性、除情去欲、忍耻含垢、苦己利人为宗。全真教规定道士必须出家住道观，不得蓄妻室，并制定了严格的清规戒律，这一点和正一道很不相同。

36 明昌之治

❖ 时间：1189～1208

金章宗完颜璟（1168～1208），女真名麻达葛，是金世宗的嫡孙。11岁的时候，即被封为金源郡王。师从太子侍读进士完颜匡、徐孝美学习女真语言文字及汉学经书。

大定二十五年（1185），金世宗皇太子完颜允恭病逝。完颜璟以嫡孙的身份被确立为皇位继承人。陆续担任了判中都大兴府事、尚书右丞相等职，参与朝政。大定二十六年（1186），被立为皇太孙。

大定二十九年（1189）正月，金世宗去世，完颜璟即位，是为章宗。章宗在位20年，对金国的发展和繁荣做出了很大贡献。

谨守祖治，宇内小康

章宗生长在金国的盛世时期，自幼对祖父的文韬武略耳濡目染，加之对儒家文化的融会贯通，即位后，在继承祖父治国方略的同时，极力效仿北魏孝文帝的幡然改进式的汉化改革方式，不再因循祖父的兼容并蓄的做法。

大定二十九年（1189）二月，章宗刚即位，就解决了金国历史遗留下来的奴隶问题。金国的奴隶，地位极其低下。不仅要向国家纳税，又要向寺院纳租。随着向封建制的发展，奴隶制的存在已成为制约生产发展的严重障碍。章宗经过一系列的努力，使绝大多数的奴隶变成了平民。

不久，章宗还下令减少民间地税的十分之一，有的地方还减少十分之二，充分照顾了百姓生存的不易。

除了解决民生问题，章宗又根据金国猛安谋克的现状，进行了整改。

猛安谋克是独具女真人特点的军事制度。他们在金国开疆拓土、灭辽伐宋的历史中起到了不可忽视的作用。然而，随着升平日久，猛安谋

克的不务正业和自由散漫逐渐暴露出来，对此，章宗吸收了世宗的一些措施，做了新的规定：他剥夺了猛安谋克在世袭制上的特权，并淘汰了一批庸碌无能的猛安谋克。这样，就提高了猛安谋克的整体素质。

随着金国的国力蒸蒸日上，一些官制也不再适应形势的发展。章宗陆续设立了许多新的机构，如学校处、提刑司等。又一进步完善了法制方面的建设。这些措施对于安定社会、巩固政权、发展经济，以及维护统治阶级的利益都起到了积极的作用。

章宗的德政，继承了世宗并发扬光大，取得了辉煌的成就。

明昌二年（1191），金国库存金、银数量大幅度增加，财政收入亦不断翻新。随着经济的高速发展，人口数量亦达到了巅峰：明昌六年（1195），金国境内的女真、契丹、汉户比世宗大定二十七年（1187年）增加了100万余户，近千万人。

"治平日久，宇内小康"，金国迎来了它的鼎盛时期。

不可避免的衰落

章宗是一位比较有作为的皇帝。然而，他的主要作为几乎都体现在他的文治上。他大力扶持汉学，倡导儒家思想，重视教育、科举。这种以仁治国的理念，将其祖父金世宗所开创的大定盛世延续了几十年，并赢得了"宇内小康"的赞誉。

然而，国内的权力之争仍然没有消除，对外，则边患不断。

13世纪初，北方蒙古族崛起，不断和金发生战事。这时的南宋也不断发动对金的战争。金军一次次遭受重创。

在战争频仍的时候，国内天灾人祸亦接踵而至。从大定二十九年（1189）到明昌五年（1194），金境黄河三次决口，泛滥成灾。百姓一次次陷入水灾之中，或死难，或逃亡，无数人背井离乡。

章宗统治后期，政治趋向腐败。由于战争不断，军费开支日巨，朝廷的赋税收入不堪重负，便大量发行纸钞和铸造货币。由于币制陷入极度混乱之中，给社会经济造成了巨大的损害。人民贫困交加，加上蒙古铁骑不断从北方滋扰，金朝由极盛开始不可避免地走向衰亡。

泰和八年（1208）十一月，章宗病死于金中都安福殿，终年41岁。

由于没有子嗣，章宗的叔父卫绍王完颜永济取得皇位。卫绍王尊章宗谥号为"宪天光运仁文义武神圣仁孝皇帝"，葬于道陵。

宣宗南迁

❄ 时间：1213～1224

金代宣宗迁都汴京的历史事件，史称贞祐南迁。金朝经过章宗短暂的盛世之后，经卫绍王，至宣宗，国势日趋衰弱，统治阶级内部矛盾激化。成吉思汗统率蒙古军发动对金国的战争。为苟延残喘，宣宗遣使向蒙古军求和，并不顾群臣的反对，南迁汴京，使金国向灭亡的深渊又迈进了一步。

权奸篡权，宣宗继位

金宣宗完颜珣（1163～1224），女真名吾睹补，是世宗之孙，宣孝太子完颜允恭庶长子。完颜珣自幼受汉族封建教育，读儒家经史，喜作诗文。完颜珣性格"宽仁大度"，好学又善谈论，经常和文学之士交游，赋诗饮酒。18岁时，封温国公，加特进。大定二十九年（1189），进封丰王，加开府仪同三司，累判兵部、吏部，判彰德军（后升为府，今河南安阳）等职。章宗时进封翼王、邢王、昇王，赐名从嘉。

至宁元年（1213）八月，权右副元帅纥石烈执中（胡沙虎）和他的党羽发动政变，弑卫绍王。丞相徒单镒等人以完颜珣是世宗长孙，劝执中立为帝。于是遣人迎于彰德府。九月，完颜珣至中都即帝位，改元贞祐，是为金宣宗。

金宣宗的性格和南唐后主李煜颇多相似之处，都是一个"合格的文人"，而非称职的君主。因其受儒家学说影响较深，往往成为后世"金因推行儒道而灭亡"的注脚。

懦弱暗昧，消极议和

金宣宗即位时，朝中权臣柄政，蒙古大军又进逼中都，他本人懦弱而无力整顿朝纲。对弑君乱国的纥石烈执中，不但不能果断处置，反而信任有加，拜为太师、尚书令兼都元帅，封为泽王；国政完全操纵

在这位权臣手中。贞祐元年（1213）十月，蒙古军兵临中都城下，元帅右监军术虎高琪率军迎战，两次战败。在出战前，纥石烈执中就曾警告过术虎高琪，作战失败将拿他问罪。术虎高琪知罪责难逃，于是铤而走险，自率乱军入中都，围执中于宅第，杀死纥石烈执中。对此畏罪犯上的奸臣，宣宗却不辨是非，不但赦免了他的罪责，还任为左副元帅，拜平章政事，后来还升官至尚书右丞相。术虎高琪为相后，把持朝政，作威作福，依附自己的人就大加任用，与自己不和的就弃置不用，甚至加以谋害。如此擅权，却深得宣宗信任。宣宗屡称继世宗之志，其结果正是相反，金朝陷入更深的衰乱之中。可见他的"善谈论"，完全是赵括一样的纸上谈兵了。

面对蒙古军队的强大攻势，金宣宗放弃积极抵抗的主张，而是执行投降、逃跑的路线。他即位后，马上遣使向蒙古厚贿求和。贞祐二年（1214）三月，宣宗接受蒙古的条件：献纳童男女各500名，绣衣3000件、御马3000匹，大批金银珠宝，并以完颜永济之女为岐国公主归蒙古主。城下之盟的和议达成后，感到金国尚有较强防御能力的蒙古军暂时退兵，中都解围。

●平林霁色图·金·佚名

● 金中都水关遗址

避战南迁，金国中衰

虽然解围，金宣宗认为中都离蒙古军太近，随时可能遭受攻击而深感不安，于是以国都破旧，资金和资源都太紧张，中都没法长期驻守为由，决定迁都于汴京（今河南开封）。朝中的官员和太学生都力陈不可迁都，认为中都是金国的根本，放弃而南迁，北方诸城必将缺乏援助，兵力不足，同时士气大跌，都将无法抵御蒙古军的进攻。如果要迁都，辽东和关中都比开封强，可以凭借险要的形势，做好防御的准备，然后徐图进取。然而宣宗一意孤行，认为大计已定，不可中止。五月十一日，下诏南迁。十八日金主与六宫仓促离开中都，南经涿州、易州，迁往汴京。留尚书左丞相兼都元帅完颜福兴、尚书左丞抹撚尽忠辅太子完颜守忠守中都。南迁，极大地动摇了民心，也增大了蒙古主的戒心。七月，成吉思汗以金迁都违约，再度发兵南犯。贞祐三年（1215）五月，蒙古军攻克中都，进兵袭汴京。

国失重心，祸乱纷起

金宣宗的南迁，仅以重兵屯驻河南以巩固汴京的防御，不顾北方州县的安危，因而大失人心。致使驻守在东北的金朝将领和汉族地主为了保存自己，与金朝分裂，降附蒙古。贞祐二年（1214），锦州（今属辽宁）张鲸、张致兄弟聚众十余万叛金，杀节度使自称王，在木华黎率蒙古军攻入东北后投降蒙古。契丹人耶律留哥叛金，与蒙古军联结，自称辽王，成为蒙古军攻占东北地区的先锋军。贞祐三年（1215）女真人辽东宣抚蒲鲜万奴叛金独立，建立大真国，改元天泰，称天

王。金朝在东北的统治随之分崩离析。

　　金宣宗在南迁以避蒙古军的同时，却盲目往南方扩张，连续发兵攻宋，企图通过剽掠南宋来弥补蒙古军造成的损失。这无异缘木求鱼的军事行动，不但分散了北面抵抗蒙古的兵力，而且进一步给南宋人民造成无法弥补的伤害，完全失去了金宋携手抗蒙的可能性。哀宗时，宋拒绝金的和议，最终联蒙灭金就证明了这一点。

　　南迁也加重了山东、河北等地人民的负担，进一步激化了矛盾，高举抗蒙抗金大旗的红袄军起义风起云涌，声势浩大。以山东杨安儿、李全等的起义军为中心，很快席卷河北、河南、山西等地。虽然在宣宗调集兵力的血腥镇压下，起义军屡屡遭受重创，但各地起义军前仆后继，连绵不断，使金朝在蒙古的压力下，仅余的一点较强兵力也消耗殆尽，难以再对蒙古军做出更有力的抗击。

　　元光二年（1224），金宣宗去世，金朝北方防线全面崩溃，蒙古铁骑轰然南下，国内统治阶层分裂还在加剧，农民起义不断削弱金朝的统治基础，金朝在内外交困下迅速走向衰亡。

　　《金史》评价宣宗南迁称："再迁遂至失国，岂不重可叹哉！"这次南迁可谓哀宗迁蔡州的前兆，算是彻底关闭了金朝中兴的大门，开启了灭亡的道路。

延伸阅读　金代耀州窑

　　从考古发掘出来的金代耀瓷标准看，釉色以姜黄色青釉为主，也有黑釉、酱色釉和白釉黑花。瓷器的烧造相当多地采用了砂圈叠烧工艺。金代耀瓷纹饰多为各种折枝花卉，其次还有水波、婴戏牡丹、摩竭望月等。总的来说，耀州窑在金代是北方青瓷制作中心，而此时的南宋龙泉窑，由于在制作工艺上进行了改革，将北宋龙泉青瓷的石灰釉改进为石灰碱釉，并利用釉在高温烧造过程中黏度大，不易流动等特点，采用多次施釉和素烧的工艺，烧制出有青玉般光泽和翡翠般美丽的粉青、梅子青釉。龙泉粉青、梅子青釉的烧制成功，标志着中国青瓷的生产至此时已达到炉火纯青的地步，成为除官窑瓷器之外民窑青瓷之冠。金代耀州窑青瓷的生产与南宋龙泉窑相比虽无新的成就，但耀州窑在此时却创烧了一种中国陶瓷史上绝无仅有的釉层肥厚莹润、釉色淡青泛白的月白釉瓷器，从釉的外观看，月白釉与龙泉的粉青、梅子青釉一样都属于石灰碱釉，釉中钾、钠等碱性元素的含量增加，钙含量减少，只是铁含量比龙泉青瓷低，因而呈现白色，故有月白釉之称。

金士巨擘赵秉文

金朝的文学，承上启下，大家辈出，其中赵秉文最为知名。他执掌文坛30余年，主张学以致用，力行直言进谏，人品、文风皆为一代楷模。但是他早年的一次言行不谨，却令后人常常为他感到遗憾。

少年才子

赵秉文，字周臣，磁州滏阳人，从小即聪明过人，读书过目不忘。大定二十五年（1185），进士及第。调任安塞簿，后因表现优秀，升迁邯郸令，随后转任唐山。父亲逝世后，赵秉文辞官。不久又被推荐，起用为南京路转运司都勾判官。

明昌六年（1195），赵秉文被召入京，担任应奉翰林文字，同知制诰。他上书议论宰相胥持国应当罢免，皇族宗室守贞可以委以重任。章宗召见赵秉文，详加询问，然而对答并不尽如人意。章宗下令对他进行讯问。赵秉文起初不肯招认，遂询问他的仆人，他的仆人供出了常和他交游的人。赵秉文才承认说："进言之前，曾经和修撰王庭筠、御史周昂、省令史潘豹、郑赞道、高坦等人私下议论。"王庭筠等人都因此被抓，分别受到处罚。

有人认为赵秉文上书狂妄，按照律令应当受到更重的处罚，解除官

●赵霖昭陵六骏图跋·金·赵秉文

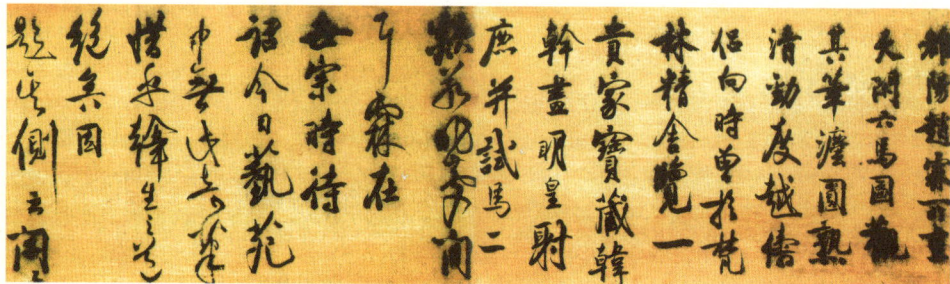

职。皇上不想因为进言失当就给人定罪，担心从此阻塞言路，于是破例免予处罚。赵秉文的言辞不当，并因此连累他人的行为，被当时的士大夫引以为耻。从这以后，他长时间赋闲在家，后来被起用为同知岢岚军州事，转北京路转运司支度判官。

承安五年（1200）十月，天气连日阴晦。宰相张万公向皇上报告了这件事，皇上看着万公说："听说他这个人很有才华，字写得很好，文章也不错，而且敢于进言，我并不是弃置不用，而是因为北边有军事行动，希望能借此试一试他的能力。"

泰和二年（1202），章宗召回赵秉文，任命为户部主事，随即改任翰林修撰。十月，任其为宁边州刺史。泰和三年（1203），改任平定州。平定州以前的长官用刑苛刻，每次听说国家准备大赦，总会先把抓获的盗贼打死，然后再宣布皇帝的赦令，赵秉文则一切从宽，不几月，盗贼绝迹。碰到荒年，他就把自己的俸禄捐出来，号召当地富户响应，用以赈灾，救活了很多人。

文人知兵

大安初年，蒙古军入侵，金卫绍王召集赵秉文和待制赵资道讨论边防策略。赵秉文说："现在我军聚于宣德，城小，在城外扎营，经过夏天的雨季，器械都坏了，人也有很多生病的。这样一旦秋天到来，敌人接踵而至，就会很不利。可以先派遣一支临潢军队，进攻蒙古军虚弱之处，那山西的围就可以解了。这就是兵法上说的'出其不意、攻其必救'啊。"然而建议没有被采用。秋天时，金军大败。

不久赵秉文升任兵部郎中，兼翰林修撰，很快又转任翰林直学士。贞祐初年，赵秉文向宣宗进言，称时事可行的有三个：一是迁都，二是开河，三是封建。朝廷基本上遵行。第二年，他上书表示，愿意为国家坚守残破的一州，以表达朝廷体恤人民之意，还说："假如我死而有益于国家，胜过现在浪费俸禄，做无用的人。"皇上勉励他："你的志向很可贵，但是现在翰苑更缺不了你，你应当在朕左右。"贞祐四年（1216），赵秉文升任翰林侍讲学士。

文坛元老

兴定元年（1217），赵秉文转任礼部尚书，兼侍读学士，同修国

●诸天王·壁画·金

史，知集贤院事。第二年，负责贡举，由于出现工作失误，被降两级，于是请求辞职。

金自章宗、卫绍王以来，科举中的问题越来越多。由于主考官只是恪守成法，因此所取的文章内容陈腐，仅仅格式符合要求而已，稍微不符，马上被判落第。于是文风极大衰落。

贞祐初年，赵秉文负责省试，发现李献能善于写赋，虽然格律稍微生疏，但是辞藻很华丽，就提拔为第一。举人们于是大肆喧噪，到台省去控诉，认为赵秉文破坏了文章格式，有的还作诗毁谤，过了很久才平息下来。后来，李献能又中宏词科，进入翰林院，赵秉文却因此而获罪。

兴定五年（1221），又起复为礼部尚书。赵秉文向皇上表示感谢，皇上说："你虽年岁大了，但是文章最好，还是要用到你啊。"赵秉文觉得身受厚恩，无以回报，于是便开拓忠言进谏之路、增宽皇上的思路。每次进谏时，他都会认真地劝皇上节俭、勤政、谨慎用兵用刑，指出这才是永葆国祚的方法，皇上嘉奖采纳了他的建议。

哀宗即位，赵秉文再次要求辞职，未被获准。改任翰林学士，同修国史，兼益政院说书官。赵秉文认为哀宗刚刚即位，应当每天学习经史，以提高修养，于是进献了《贞观政要》、《申鉴》等著作。

正大九年（1232）正月，汴京戒严，哀宗命赵秉文作大赦天下的诏文，用以表达悔悟哀痛之意。赵秉文指明事理，表达情义，声情并茂。后来蒙古兵退却，有的大臣建议庆贺，让赵秉文作贺表。赵秉文说："《春秋》里记载：'宫殿着火，大哭三天。'现在国都被围，残破如此，从礼上说，当慰勉，而不是祝贺。"

随着年龄日渐老迈，赵秉文每天越发担忧时事，吃饭睡觉时都在惦念。每每看到一件事可以便民，一个人才可以任用，大则立即起草专文上奏皇上，小则在路边和遇到的人说，态度殷切、勤勉、郑重，难以自已。

开兴元年（1232）三月，赵秉文起草的《开兴改元诏》，在街头巷尾被广为传诵，洛阳人拜读完诏书，举城痛哭。同年五月，赵秉文去世，享年74岁，累官至资善大夫、上护军、天水郡侯。

赵秉文自幼至老，每天手不释卷，著有《易丛说》十卷，《中庸说》一卷，《扬子发微》一卷，《太玄笺赞》六卷，《文中子类说》一卷，《资暇录》十五卷……赵秉文的文章长于辨析，意境明了、透彻，从不因所谓的格式、规范而拘束表达。七言长诗笔势纵放，不拘泥于韵脚。律诗非常壮丽，小诗精绝。大

●白瓷剔花牡丹纹大罐·金

多作格式比较灵活的近体诗，五言古诗则沉郁顿挫。字画以草书最为遒劲。金朝使者至河、湟时，都说西夏人常常问起赵秉文和王庭筠的起居情况，可见赵秉文在当时声望之隆，为四方所重视。

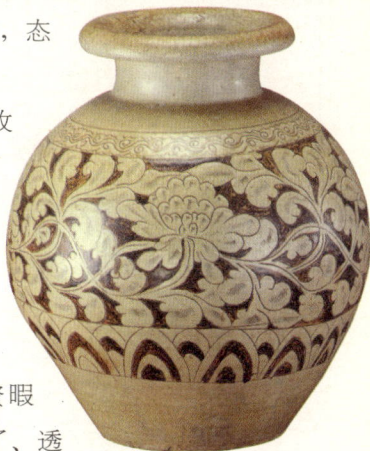

◆ 延伸阅读 ▶ 金代科举制度

金代采取科举形式擢用汉士，始于灭辽之前。初无定数，亦无定期。天会六年（1128）定"南北选"制。辽朝旧土儒士试辞赋，北宋旧土儒士试经义，分别称为"北选"和"南选"。未久又定三岁一试之制。考试分为乡试、府试和会试（礼部试）三级。金熙宗时，南北选各以经义、辞赋两科取士。海陵王时，增设殿试；并南、北选为一；并曾一度罢废经义科。章宗时取消乡试。府试地点，最初有三处，后来逐次增加为六处、九处、十处。取录进士人数，1160年后，每次都在五百人以上，最多时达到九百余人。取士科目除正科（即辞赋和经义）外，还有制举、宏词科以及杂科（经童、律科、策试等）。此外还有武举。世宗时又设立女真进士科，以女真文字试策、诗，同汉人进士三年一试之制，称"策论进士"。

无能宰相白撒

❖ 时间：1228～1232

一个王朝覆没的同时，会诞生很多力挽大厦于将倾的英雄，也往往会滋生出更多的误国奸臣。金国的灭亡，很多人便把它和白撒这个名字联系到一起。

出身皇族，骄奢刚愎

《金史》载："内族白撒，名承裔，末帝承麟之兄也，系出世祖诸孙。"

完颜白撒自幼为奉御，累官知临洮府事兼本路兵马都总管等职，多次参与对宋和西夏的战争，担负金国西部防御几十年，依靠许多得力的下属，同时也是宋和西夏处于比金更腐朽的时期，因此能够多次击败宋和西夏军，这些功劳也成了他日后晋升，直至宰相要职的资本。

白撒本性怯懦无能，独具仪表，性格刚愎、贪婪，尤其独断专行。曾厌恶官厨做的菜不可口，经常让自己的大厨随行。他识字不多，但奸猾狡黠有余，来往官府文书簿册和行政措施、法令等，他一看就会。善于空谈、议论、耍小聪明，尤其对搜刮钱财有特殊的喜好。

由于白撒善于揣摩上意，于是渐受重用。位居要职后，他在汴京的西城盖了巨宅，规模堪与皇宫媲美。里面的奴婢有数百人，全部穿着金丝绣的衣服，即使府中的奴隶，每月拿的例钱也比国家高级将领多，但他仍然觉得不满足。皇上曾经派使者去责问他："你热心囤积个人家产，难道没有收复黄河以北被蒙古攻占的失地的打算吗？"白撒却毫不悔悟。

金军北渡攻击蒙古军时，沿河的居民全部吓得躲到洞穴里去，后来看到蒲察官奴的军队号令严明，对居民也抚慰有加，秋毫无犯，于是居民们都回归家园。然而，随后经过的白撒军则到处剽掠，强取豪夺，无所不用其极，所过之处哀鸿遍野，他的部下甚至把活人抓来吃掉，有的一餐花费数十金还不够。

临危怯战，无能误国

金军在三峰山和钧州遭受严重失败后，汴京直接面临着蒙古大军的攻击。

正大五年（1228），哀宗紧急召完颜白撒还朝，官拜尚书右丞，后又任平章政事，指望他临危受命，能够有所作为。事实上，白撒贪怯无能，刚愎自用，根本无法做到团结同僚，共抗大敌。

开兴元年（1232）正月，蒙古兵长途奔袭汴京。令史杨居仁请求乘蒙古军远道而来，出兵攻其不备。白撒不听，派遣完颜麻斤出等率部众万人开短堤，决河水，以守汴京。可惜工程还没完成，蒙古骑兵就已攻到。麻斤出等被杀得措手不及，当场战死，修河壮丁逃回的不足300人。

汴京被围，城中空虚，驻军还不满4万。由于汴京是大城，城周120里，这些兵根本不足以遍守各城口。于是白撒召集了在京军官和防城有功者，共计100多人，都任命为将领，领兵守城。又集结京东西沿河旧屯和卫州迁来的义军约4万人，募集壮丁6万人，分守四面城墙。二月，又征募京师民军20万，分别归各将领统帅。七拼八凑后，基本构建起汴京的防御体系。

●洛阳齐云塔

后来蒙古军接受金国的议和，但仍留一支军队积极作进攻的准备，沿着汴京的护城河设置木栅等工事，并用柴草填塞护城河。白撒等主帅因金国正在与蒙古议和，不敢出兵，在城上坐视蒙古军备战。军民愤怒，要求出兵而不可得。

蒙古军最终还是向汴京城发动进攻。哀宗命大臣分守四城。白撒守西南角，招募壮士千人，打算从地道出城，渡过护城河，烧毁蒙古军的炮座。约定在城上悬红灯为记号，被蒙古军发觉而失败。又放纸鸢，企图送文书招降蒙古军中的金人。士兵纷纷议论说："前天点纸灯，今天放纸鸢，宰相靠这个，退敌兵恐怕难了。"

白撒守城的西南，受到猛烈攻击时，望楼上的竹帘被打坏了。白撒于是叫下属弄竹子来修补。下属到处找不到竹子，白撒大怒，要斩他。员外郎张衮附耳对下属说："钱多好办事，何不去白撒平章政事的府里去问问。"下属赶紧带着300两金子到白撒府中，贿赂他的家僮，果然弄到了竹子。可见在这种时候，白撒惦记的还是中饱私囊。

虽然将帅怯懦无能，但是蒙古军的暴虐人所共睹，守城军民人人

● **明妃出塞图（局部）**

激昂，奋勇抵抗。蒙古速不台见汴京城难以攻克，就推说："已在讲和，还相攻么？"于是领兵退去。

蒙古兵退后，大臣们纷纷议论，要求罢免白撒。白撒自己也感到不安，于是上书请求辞职，哀宗被迫罢去白撒平章政事。军士恨他不战误国，扬言要杀他。白撒吓得一天数次搬家避祸。

后汴京粮尽兵疲，哀宗仓皇出逃，命白撒进攻卫州，夺取其中的粮食。结果白撒磨磨蹭蹭，自蒲城出发，花了8天时间，才到卫州城下。围攻卫州时，又准备不足，缺少攻具，把枪杆接起来当云梯用。守军看到这种情形，知道金兵没什么作为，守得更加严密。连攻3日，徒劳无功。蒙古派大兵来援，白撒弃军逃跑。这时，哀宗在蒲城东三十里。白撒赶到，仓皇对哀宗说："现在我军已溃，蒙古兵近在堤外，请赶快前往归德。"哀宗在深夜四更匆忙乘船出逃，侍卫都还不知道。次日，金军得知哀宗连夜逃走，更加没有斗志，相继溃散。白撒收聚溃兵2万到归德，哀宗把攻卫州之败归罪于他，将他囚禁而饿死。

"二虎" 祸乱朝纲

❖ 时间：1161～1223

章宗死后，没有子嗣，他的叔父完颜永济继承了大统，是为卫绍王。卫绍王在位仅6年，便被权臣胡沙虎杀害。胡沙虎拥立宣宗为帝，自己以功臣自居，专横跋扈。后来，术虎高琪诛杀胡沙虎，继续祸乱朝纲。"二虎为患"，为金国后期政治局势的动荡埋下了隐患，也加速了金国的灭亡。

养虎遗患

胡沙虎，汉名纥石烈执中。金世宗大定年间，陆续做过太子护卫、太子仆丞，鹰坊直长等官。章宗执政时，封其为右副点检，他傲然不奉职，被降为肇州防御使。不久，又被升为兴平军节度使。胡沙虎性情暴戾，骄横跋扈，而且贪婪无度。在军中为官时，将士们多有微词。然而，就是这样一个人，从世宗到章宗，再到卫绍王，其官运甚为亨通，屡屡封官晋爵。曾有大臣几次对其进行弹劾，皆因有皇上身边的近臣为其美言开脱，从而安然无恙。

胡沙虎是朝廷倚重的权臣，自身也是一名骁勇善战的将官。他曾多次率军与宋作战，皆凯旋。泰和六年（1206）五月，宋军滋扰金国边境，胡沙虎派巡检使周奴领骑兵300进击。他们设伏躲在篁竹中，等宋军走过，发起突袭，连杀10余人。随后追击至县城，火烧宋兵舟船，擒杀士兵500多人，宋军统帅李藻亦被杀。十月，胡沙虎领兵2万在清口迎战宋军，大败之。缴获战舰、战马不计其数。

卫绍王时期，蒙古崛起，并经常对金境骚扰、侵犯。这一年，蒙古大军又蠢蠢欲动。卫绍王任胡沙虎为副元帅，领兵5000在中都城北驻扎，以防边患。胡沙虎虽被委以重任，却不问军事，整天饮酒作乐，出围打猎，并伺机勾结提控宿直将军蒲察六斤、武卫军钤辖乌古论奋刺等军官准备谋反。由于大敌当前，蒙古军已近，卫绍王便派使臣到其军中责问。胡沙虎正在喂饲鹘鹰，听见使臣责问，竟怒气腾腾地将手中的鹘鹰掷死在地，决定发动政变。

八月二十五日，他兵分三路向都城进发。为了防止城中出兵，他先派一个骑兵疾驰到禁城东华门边大喊："蒙古军已经杀到北关了，正和我军激战。"随后再派一名骑兵故伎重演，企图借此骗开城门。同时又派人将大兴府尹徒单

南平骗出。南平不知兵变，骑马从城中出来，刚到广阳门附近，即被胡沙虎一枪刺死。胡沙虎亲自到东华门叫守城兵卒开门，许以高官厚禄，守城将士不加理睬。胡沙虎下令放火焚烧城门，并架云梯登城。守城士兵见大势已去，便砸开铁索，迎胡沙虎入城。

胡沙虎入宫后，自封为监国都元帅，将宫中的宿卫换成了自己的党羽，并召都转运使孙椿年取出银币犒赏部下。当晚，召来歌伎，大开宴席庆功。第二天，拥兵逼迫卫绍王移居卫邸，诱杀左丞相完颜纲。不久，胡沙虎派宦官李思忠在卫邸杀卫绍王。

卫绍王死后，胡沙虎想立自己为帝，但他不属于完颜氏宗族，担心其他人不服。这时右丞相徒单镒趁机进言说："翼王是章宗之兄，年已五十，宽仁老成，如果元帅拥立他，乃为万世之功。"胡沙虎采纳，立翼王完颜珣为帝，是为金宣宗。

宣宗继位后，念胡沙虎拥立有功，封其为太师、尚书令、都元帅等显赫的官职，并封其为泽王。胡沙虎的弟弟也被封为都点检、侍卫亲军都指挥使。随同胡沙虎谋叛的部将也都授予官职。

从此，大权在握的胡沙虎以功臣自居。上朝时，皇上赐座，他也毫不推辞。朝中很多人开始依附胡沙虎，其他朝臣则敢怒不敢言。他先后奏请皇上，要求废卫绍王为庶人，并召集百官讨论。由于卫绍王没有大的过失，所以很多朝臣坚决反对。宣宗开始犹豫不决，说："正

●溪山无尽图·金·佚名

如一个人问路，百人说向东，十人说向西，难道行人就要东、西都走吗？或者以人数来判定吗？朕自会思量。"虽然如此说，不久，他还是下诏降封卫绍王为东海郡侯。

此时，境外的蒙古军探马已经来到金国的高桥附近。宰臣听说后，急忙面奏宣宗。宣宗于是责问胡沙虎为何不上报，胡沙虎说："此事我已经筹划好了，皇上不必操劳。"随即怒问宰臣："我是尚书令，你怎么敢不经我的同意而奏报皇上？"吓得宰臣连连道歉。

虎去狼来

胡沙虎的专擅跋扈，令很多大臣都很气愤。提点近侍局庆山奴、副使惟弼、奉御惟康密奏宣宗请求除掉胡沙虎。宣宗因念其有功，不忍诛杀。

蒙古军压境后，元帅右监军术虎高琪与蒙古军交战，屡战屡败。胡沙虎十分恼火，斥责高琪说："今日出兵再无功而回，当以军法论处。" 高琪出战后，又打了败仗，心想回去也是死，不如奋起一搏，于是和庆山奴等人商议倒戈胡沙虎。密谋之后，率军攻入中都，包围了胡沙虎的宅邸。胡沙虎闻知后，慌忙拿箭抵抗。与高琪军对射了一阵后，向后院逃跑，翻墙时摔伤了大腿，被术虎高琪军擒获，乱刀砍死。

高琪提着胡沙虎的人头，进殿向宣宗请罪。由于宣宗忌惮胡沙虎已久，所以不仅没有降罪高琪，反而升其为左副元帅。为了平定胡沙虎部的情绪，宣宗又加封了蒲察六斤、徒单金寿等人的官职。

高琪和胡沙虎一样，对权势都有着特殊的喜好与热衷。胡沙虎死后，高琪得势。他立即像胡沙虎一样，作威作福，不可一世。为了能多插手朝政，他在朝廷中肆意安插亲信，与高汝砺相唱和——高汝砺是朝中重臣，久

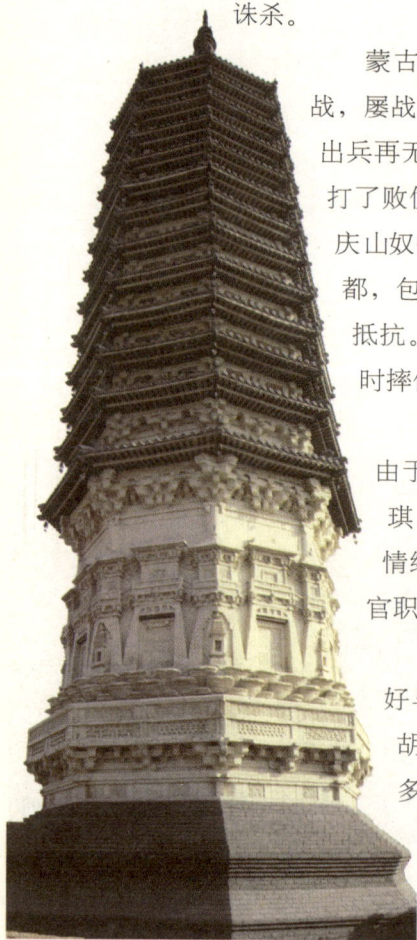

河北昌黎源影塔

居相位。二人一个把持政务，一个执掌兵权，风光八面。对于依附自己的，予以任用；忤逆自己的，则明褒实贬，千方百计置于死地。高琪的所作所为令朝中的正直之臣痛恨不已。

太府监丞游茂密奏宣宗称，高琪威权太重，为了防微杜渐，应该尽早法办。由于宣宗当时还没有足够的把握除掉高琪，于是含糊说："既已委之重任，他的权力又怎么会不大呢？"游茂退下后，越发感到不安，竟去投靠高琪。他上书高琪说："宰相自有宰相分内之责，如果因此而招致圣上的猜疑、外界的非议，就不妥当了。"又说，"圣上对你的大权已经有所忌惮，如果相公能够重用我，那么这些麻烦就都可以免除了。"高琪知道游茂密奏过皇上，对他根本不信任，于是趁机将这些话散布出去。结果，游茂被免职，并杖打一百，差点送命。

游茂之后，应奉翰林文字完颜素兰也向宣宗秘密上书。他说："高琪本来没什么大的功劳，因为畏惧胡沙虎才起杀心。他嫉贤妒能，结党营私，玩弄权术，无恶不作。去年，有人指责其军队有生乱之嫌，高琪立即杀了那个人。如此专杀跋扈，使得再无人敢言军中之事。以微臣看来，此贼灭乱纲纪，戕害忠良，唯恐天下不乱。希望陛下早日决断，方为社稷之福。"此时，宣宗已有意剪除高琪，于是对完颜素兰说："朕会仔细思量。"临别，还特地嘱咐道："千万不可泄漏出去。"

不久，高琪开始撺掇宣宗南下攻宋。不仅如此，他还将精兵强将全部调集驻守河南，置河北要塞于不顾。遇战况紧急时，亦不肯发一兵一卒。平章政事英王完颜守纯看不过去，欲揭发其阴谋，然而还未成事便被右司员外郎王阿里等人泄密。获悉高琪得知后，英王惊惧不已，于是作罢。没过多久，高琪和家人闹矛盾，为了堵住家人的嘴，他致使家奴赛不杀了妻子，然后归罪赛不，将其送到开封府杀人灭口。开封知府畏惧高琪势力，按意杀了赛不。事情败露后，宣宗历数高琪罪恶，终于下诏杀之。

金国频仍的宫廷政变，权势重臣的相互残杀，反映了金内部政局的混乱，封建纲纪已无法为继。此时，境外蒙古铁骑的声浪已日渐逼近了。

完颜承晖殉国

❈ 时间：1215

如果一直生长在盛世，完颜承晖很可能成为一位杰出的文坛人物，运筹帷幄，风流儒雅。然而他成长的年代，已然是多事之秋了。章宗过后，国运不济，兵灾连连。到了承晖能够独当一面之时，金国的中都已近不保了。

大厦将倾

完颜承晖，字维明，本名福兴。从小勤奋好学，贯通经史。承晖出身富贵，但没有沾染贵族子弟的不良习气。他的居室经常悬挂着宋朝司马光、苏轼的画像。他常说："我以司马先生为师，与苏公为友。"平章政事完颜守贞，敬重承晖年少有为，与之成为忘年交。

贞祐二年（1214）五月，宣宗下令国都南迁。五月十七日，中都以3000匹骆驼、3万辆车满载着官室的珠宝文书开始了南行。在滂沱的大雨中，大队的亲兵簇拥着宣宗銮驾，作别了曾经的都城。宣宗离去前，进拜承晖为尚书右丞相兼都元帅，封定国公，与皇太子守忠一起留守中都监国。朝中的投降派将领和受金压迫的契丹、地主土豪等，纷纷叛金降蒙。有的杀掉了金国的主帅，有的起兵中都，有的则在打败金兵，搜罗了大批的衣甲、武器、马匹后，投降了蒙古。不久，宣宗下诏令太子南迁。太

子一走，军中愈发人心浮动。右副元帅蒲察七斤随即率军投降了蒙古。中都局势危急。中都的变故，让刚刚撤军，且与金国订立了"城下之盟"的蒙古军再次蠢蠢欲动：成吉思汗从降蒙的兵将那里得知了宣宗南逃的消息，看清了金国的腐败无能。于是，他立即派大将拔都、降将石抹明安等领兵南下，直取中都。沿途的金军不敌，皆望风而退。

贞祐三年（1215）正月，蒙古军再次兵临中都城下。承晖派人向朝廷奏书告急，他指出如果中都一失，辽东、河北之地都将难保，现在这样的死守，无济于事。倘若能尽快调遣援兵，中都或许还有转机。宣宗得知情况后，立即诏令中都附近的将领率军赶去支援。然而，援军相继被蒙古击溃。带粮草驰援的御史中丞李英则因贪酒误事，被蒙军全歼，李英战死，粮草被蒙军悉数劫走。至此，驰援中都的计划全盘破产。远在汴京的术虎高琪，亦因忌惮承晖的

势力，作壁上观，拒绝再发援兵。中都岌岌可危。

殉国酬志

中都被围，令承晖焦头烂额。他找军中副帅抹撚尽忠共同商议对策。抹撚尽忠是宣宗在蒲察七斤降蒙之后提拔起来的将领，官至平章政事兼左副元帅。承晖认为抹撚尽忠久在军中，熟悉兵事，因此将军事指挥权全部委托给他，自己则总揽大纲，希望这样可以保存中都。

然而，就在中都危在旦夕之际，承晖发现抹撚尽忠正在和部下策划如何南逃。承晖怒不可遏，把抹撚尽忠的心腹、元帅府经历官完颜师姑叫来，对他说："我以为平章尽忠懂得军事，就把兵权交托给他，他也曾发誓与我共生死。没想到今天他却改变了主意。行期是哪一天，想必你不会不知道吧？"师姑说："就在今晚。"承晖又问："你的行李也置办好了吗？"师姑回答道："都已办好。"承晖勃然变色，厉声问道："那么江山社稷怎么办？"师姑无言以对。

承晖悲愤难抑，出门来到家庙先拜谒了先祖，然后召集部下一起饮酒。他说："事已至此，唯有一死以报国家。"他写下遗书交给了尚书令史师安石。遗书上所写皆为国家大计，为宣宗指出，辨别君子小人乃是治乱之本，并历数当朝正邪之人，其中提及平章政事术虎高琪，指出此人禀赋阴险，窃弄权柄，包藏祸心，终会害及国家。遗书以不能保全都城，向宣宗谢罪告终。交托完遗书，承晖从容取出所有财物，召集了家中仆人，按照年老多寡进行分发，并给他们开具了从良的证明，还其自由身。众人痛哭失声。承晖神色泰然，再次与安石举杯说："承晖从小接受儒家教育，一生都在尽力恪守，从不欺世盗名。"言罢，一饮而尽。然后拿起笔，写了一张条幅，与安石诀别。安石刚出门，就听见里面哭成一片，回过头去，承晖已经毒发身亡了。

当天晚上，抹撚尽忠南逃，中都失守，当时是贞祐三年（1215）五月初二。

● 跋苏轼李白仙诗卷·金·刘沂

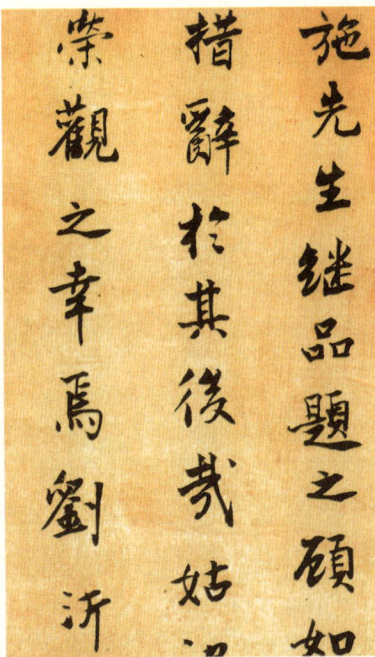

42 哀宗失国

❖ 时间：1223～1234

金哀宗完颜守绪（1189～1234），女真名宁甲速，是金宣宗第三子。贞祐四年（1216）立为太子。元光二年（1224）十二月即帝位。正大九年（1232），金军兵败三峰山，主力覆没。蒙古军进而围攻汴京（今河南开封），汴京解围后，逃往归德，随即又弃之逃入蔡州，蒙古联宋军围蔡。天兴三年（1234）正月戊申夜，哀宗为免亡国之君的骂名，匆忙传位于承麟（末帝）。次日，自缢死，庙号哀宗。

哀宗失国不由荒暴

金国虽然在哀宗时灭亡，但是后世对他的评价，同情较多。大都认为他是一个比较有作为的皇帝。因为大金国早已盛世不再，章宗的"诛求无艺"，造成"民力浸竭"；卫绍王又"纪纲大坏"，以致"亡征已见"；宣宗南迁，严重战略失误，使金都城和大片北方地区相继沦陷，后期，又错误地发动侵宋、夏战争，国力进一步被侵蚀。哀宗继位的时候，外有蒙古侵略、内有王族分裂和红袄军起义，已经是积重难返、回天乏术了。

《金史》称哀宗："区区生聚，图存于亡，力尽乃毙，可哀也矣。虽然，在《礼》'国君死社稷'，哀宗无愧焉。"在蔡州之战中，哀宗明知没有胜算，仍然激励将士奋勇向前；自知必死，还传位给当时的统帅承麟，希望他能杀出重围，重整队伍，为保存金国做了最后的努力。也就是说，他也算是为国家尽了力，不愧为一国之君了。

哀宗的救亡图存

面对登基时内忧外患的严峻现实，哀宗不愿当亡国之君，力图振作。即位的第二天，就下诏："有

●大定通宝·金

利于国家时政的措施，想要实行却没来得及的，全部都开始施行吧。"随即采取一系列实际行动，力图挽大厦于将倾，拯救千疮百孔的大金国于水火。

军事上，他迅速停止对宋、夏的战争，并积极议和，全力抗蒙。

一方面，派枢密官移剌蒲阿领兵到光州，四处张榜，告谕宋界军民，表示从今以后，再也不征伐南宋；并多次警告边境将领，不得妄加侵掠；还把清口宋败军3000人，发给路费后，遣送回宋，表达了与宋修好的诚意，极大缓和了宋金矛盾。

另一方面，又与西夏签订了停战协定，结为"兄弟之国"。

同时，积极争取中间势力，任用抗蒙将相，有效集中了兵力。笼络曾投降蒙古的武仙，封其为恒山公；为抗蒙死难的将佐建立"褒忠庙"；先后起用把胡鲁、胥鼎、完颜合达等主战派，提拔了完颜陈和尚、杨沃衍等名将。

这一系列措施之后，金国开始摆脱三面受敌的困境，集中兵力，向蒙古军发起主动进攻，接连收复了平阳、太原等军事重镇，抗蒙斗争的局势稍有好转。

政治上，他打击奸佞之臣，努力廓清吏治。即位之初，就将声势煊赫、残酷苛刻的吏部侍郎蒲察合住处死，将左司员外郎尼庞古华山贬逐出京，这赢得了一片喝彩——"士大夫相贺"；不徇私情，严惩犯法的皇亲国戚，依法处斩倚势杀一主簿的内族王家奴。同时他广开言路，曾传旨："草泽士庶，许直言军国利害，虽涉讥讽无可采取者，并不坐罪。"

文化和经济上，他倡儒学，课农桑。于内廷置"益政院"，以"学问赅博、议论宏远"者数人兼之，并以礼部尚书杨云翼等为益政院说书官，每天以二人值日，以备顾问，"讲《尚书》、《通鉴》、《贞观政要》"；总结前代"治世"与"乱世"的经验教训，命人修纂了《大定遗训》和《宣宗实录》，编订了《尚书要略》；天兴元年（1232），还亲自在汴京"释奠孔子"。改定辟举县令法，"以六事课县令"，即以劝课农桑来考核官吏，收到一定效果。

这些措施的采取，在一定程度上，缓和了当时的民族矛盾，提升了金国的国力，甚至使当时的士大夫阶层幻想"中兴"时代的来临。

可惜哀宗毕竟不是一个英明果决的皇帝，联结宋、夏却缺乏有力的措施，致使宋朝最终拒绝了金的议和，屈服于蒙古的压力反而进攻金国；打击奸佞的同时，却任用白撒、张文寿等奸臣；号称广开言路，又忌讳别人指责自己的过失，喜欢听谄媚的话；任用抗蒙将领，却不能善始善终。进而造成内政外交和军事上的一系列处置失当，最终因其盲目自信，在蒙古军三路齐发大举进攻的时候，以硬碰硬，妄图集结兵力，通过大决战的方式，正面击退蒙古军，导致了三峰山战役失败，大批主要将领战死，金军主力尽没，再也没有能力抵抗蒙古铁蹄的践踏了。

进退失据，哀宗亡国

开兴元年（1232，四月改元天兴）三月，蒙古军围攻汴京。在哀宗的激励、慰劳下，将士"人自激奋，争为效命"，终于打退了蒙古军的进攻，保住了汴京，使金王朝的寿命又延长了两年。

蒙古军退却后，汴京缺粮。为筹集军粮，哀宗又错误地实行"括粟"政策，甚至因此打死守节的寡妇，大失民心。汴京城内，至于人相食，兵士只好出城就食。

哀宗看到汴京援绝粮尽，不待蒙古军来攻，已难以继续维持了，只好于天兴二年（1233）正月出奔归德。

在归德又发生蒲察官奴擅权，甚至企图叛乱，虽然哀宗很快设计将其杀死，但是使金国仅余的一点战斗力更加捉襟见肘。

●北京卢沟桥石狮

哀宗感觉归德也不安全了，六月又逃至蔡州。蔡州地处淮水支脉汝水上，与宋朝接壤。蔡州无险可守，并且又面临着宋朝的威胁。

因为此时宋朝已和蒙古达成协议：联合灭金，金亡后，河南地归宋，河北归蒙古。宋朝的大兵已经向金朝出发了。

八月，宋兵围攻唐州。攻下唐州后，又进兵息州南。

哀宗见宋朝助蒙攻金，派皇族

完颜阿虎带去宋朝谈和，说："蒙古陆续灭掉40多个国家，一直到西夏，西夏灭亡了，又来侵略我金国，金国灭亡了必将轮到宋国。所谓唇亡齿寒，如果和我联合，既有利于金国，也有利于宋。"宋朝拒绝和议。

蒙古军由塔察儿率领，宋军由孟珙率领，分道向蔡州进攻。九月，蒙古兵到达蔡州城下。蔡州危急。哀宗在重九日拜天，对群臣说："国家自开创以来，养你们一百多年。你们或因先世立功，或因功劳起用，都已很多年了。现在国家危急，和我同患难，可以说是忠臣了。蒙古兵将到，正是你们立功报国的时候，纵死王事，不失为忠孝之鬼。以前，你们立功，常常怕不为朝廷所知道，今日临敌，我亲见到了，你们好好努力啊。"说罢，向群臣赐酒。这时，蒙古兵数百骑已到城下。金兵踊跃请战。哀宗分军防守四面。蒙古兵筑长垒，作久困计。可见哀宗始终坚持抗击到底，也算是为国尽力了。

十一月，宋将孟珙率2万兵至蔡州，运粮30万石助蒙古军需。宋、蒙会师。十二月初九日，蒙古军攻破蔡州外城。十九日，蒙古军攻破西城。二十四日，哀宗率领兵士夜出东城逃跑，到城栅处，与蒙军遇，被迫退回。

蔡州被围三个月，城中粮尽。哀宗杀上厩马50匹、官马150匹赏给将士食用。城中居民用人畜骨和芹泥充饥。

天兴三年（1234）正月初九日，蒙军在西城凿通五门，整军入城，完颜仲德督军巷战。直到傍晚，蒙古兵暂退。

哀宗看到蔡州眼看是守不住了，悲哀地说："我为金紫光禄大夫10年、太子10年，人主10年，自己也知道没有大的过失，死了也没什么恨事。只恨祖宗传下来的国家一百多年了，到我这里灭绝了。"又说："自古以来，没有不灭亡的国家。亡国之君往往被人当俘虏关押起来，或者在胜利者的宫殿堂上受尽凌辱。我绝对不至于此。你们看着吧！"当夜传帝位给东面元帅承麟，说："我身体肥胖沉重，不便于骑马奔突。你一向身手矫捷，有将略，万一能逃走，使国家不至于灭绝，是我的心愿。"第二天早晨，承麟受诏即皇帝位。正在行礼，城南已树起宋朝旗帜。诸将急忙赶出来作战。宋军攻下南城，蒙古塔察儿军攻破西城。完颜仲德领精兵1000巷战，自卯时坚持战斗到巳时。哀宗见此情景，就自缢而死，承麟也被乱兵杀死，金亡。

神射手郭虾蟆

43

❀ 时间：1192～1236

金国最后一座城池的守卫者郭虾蟆，其善射和不屈的民族气节可谓彪炳史册，功照千秋。

世代忠良

郭虾蟆（1192～1236），会州（今甘肃靖远南）人，一说名郭斌。他家世代为保护家园的射手。金宣宗时，他与兄禄大都以善射而应募从军。兴定元年（1217），禄大因军功卓著，被遥授同知平凉府事兼会州刺史，进官一阶，赐姓颜盏，镇守会州，虾蟆随兄在军中。兴定四年（1220），西夏攻会州。禄大远远望见西夏带兵的将领和马均披挂金甲，出入阵中，距其大概有200余步。禄大遥发一箭，正中将领咽喉。又射一人，箭贯穿他的双手，钉在树上，西夏军为之震骇。

后因寡不敌众，会州城被攻破。禄大和虾蟆都被俘虏。西夏人看他们箭术了得，把他们关起来。兄弟俩均誓死不屈。金廷知道这一情况后，特加嘉奖，但是不知道他们是否还活着，只好破格任用禄大的儿子伴牛官一阶，授巡尉职，以表彰他们兄弟的忠诚。

●四童戏花葵花镜·金

其后兄弟俩打算伺机逃往会州，拔掉自己的胡须，被发觉，禄大遭夏军杀害，虾蟆独自逃归。金主感念禄大的忠诚，特下令再次升迁其子，遥授会州军事判官，虾蟆遥授巩州（今甘肃陇西）钤辖。谏议官请求嘉奖、任用禄大的弟弟，于是升迁虾蟆官两阶，授同知兰州军州事。

神射立功

兴定五年（1221）冬，西夏侵犯金国定西，虾蟆领兵击败西夏军，斩首700人，获马50匹，以此战功升迁同知临洮府事。

元光二年（1223），西夏人步兵和骑兵，一共几十万攻打凤翔（今属陕西），情况紧急。元帅赤盏合喜以虾蟆总领军事。虾蟆跟从赤盏合喜巡城时，看到护城河外一名西夏将领坐在胡床上，以为箭力无法到达，故意做出蔑视守城者的样子。合喜指给虾蟆看，问他能否射杀这个人。虾蟆测量一下远近，说："可以。"虾蟆平时射击，惯于射击敌人腋下护甲无法掩盖的地方，射无不中。只见虾蟆开弓、搭箭，等那名西夏将领一抬肘，一箭将他射杀。守城将士士气大振，西夏军则惊骇莫名。

西夏军退去后，虾蟆被遥授静难军节度使，很快又改通远军节度使，授山东西路斡可必剌谋克，金廷派使者加以赏赐，并在各郡宣扬他的事迹。自熙宗罢汉、渤海人猛安谋克后，只有女真、契丹、奚等族高官显贵才能授猛安谋克世爵。金宣宗末年，为嘉奖战功卓著的将领，汉、渤海等各族人皆可授此世爵。故郭虾蟆受此殊荣，并遍谕缘边诸郡。

这一年冬天，虾蟆与巩州元帅田瑞攻取会州。虾蟆率领骑兵500，身穿红色的衣服，从会州南山而下，西夏军仓促应战，仰望他们误以为是神兵天降。城上有士兵在悬风版后举手的，被虾蟆一箭射去，

● **洞天山堂图·金·佚名**

此图画山谷间白云弥漫，洞流清澈，林木摇曳，楼台隐约，造景幽深雅静，与画幅上所题"洞天山堂"四字颇为切合。本画无款识，清初王铎题为董源之作，不知何据。从全画布置创意看，所画景物范围已比北宋全景山水缩小，近于李唐《万壑松风图》的体制，其时代应相当于南宋。但图中所画宫室的特点又非南宋而近于金元，故此图更可能是金代作品。

手、版俱穿，又射死数百人。西夏军震恐，于是出降。会州被西夏占据了近4年，这时才被收复。

正大元年（1224），田瑞据巩州叛金。哀宗诏陕西两行省共同讨伐他。虾蟆率领士兵首先登上城墙，攻破巩州。田瑞开门逃跑，为他的弟弟田济所杀。这一战，虾蟆斩首5000余级，因军功，被遥授知凤翔府事、本路兵马都总管、元帅左都监兼行兰、会、洮、河元帅府事。

正大六年（1229）九月，虾蟆向哀宗进献西夏马两匹，哀宗下诏说："你武艺超绝。这两匹马可以随你驰骋于战场，我骑它们就浪费了。既然已经进献，就算是皇家圈养的啦，就赐给你吧。"又加赐金鼎、玉兔鹘等许多珍贵的东西。

●风雪松杉图·金·李山

金代山水画的创立者首推李山。李山，平阳（今山西临汾）人，其画传李、郭笔韵，此图取北宋李、郭笔墨之苍厚、南宋马、夏水墨之雄放，构图精练集中，画松杉挺拔、雪峰伫立，松下的茅斋里有一人围炉而坐，远景以淡墨粗笔渲染，呈现出在野文人慵懒、闲适的生活情趣。

尽忠报国

天兴二年（1233），开封粮尽，累召援兵不至，将帅稀缺。蒙古大军随时可能围城。哀宗则弃开封逃至归德府（今河南商丘），次年又从归德府迁到蔡州（今河南汝南）。到蔡州后，哀宗感到蔡州地处淮水支流汝水上，南与宋接壤，无险可守。又打算迁往巩昌府（即巩州），以粘葛完展为巩昌行省。天兴三年（1234）正月，完展听说蔡州已经被攻破，为安定军心，率众守城以待金朝继立的皇帝，派人装成从蔡州来的使者，说是有圣旨云云。绥德州帅汪世显也知道蔡州城破，哀宗自杀。汪世显历来妒嫉完展压制着自己，想假传圣旨，发兵攻打巩昌。但是又畏惧虾蟆的威望，于是派人约虾蟆合力袭击巩

昌。使者到，虾蟆对他说："粘葛公奉诏为行省，号令谁敢不从。现在主上受围于蔡州，打算迁往巩昌。国家危急的时候，我们既然不能致死赴援，又不能率众奉迎，却要攻击粘葛公，先废主上将要迁幸的地方。主上将迁往哪里呢？你们的主帅若想背弃国家，那就让他自己去做好了，为何要加上我呢？"汪世显于是攻破巩昌，杀了粘葛完展，投降蒙古军，并先后派20多人次晓谕虾蟆以祸福，劝其投降，均被拒绝。

金国灭亡后，西部州府无不归降蒙古，只有虾蟆坚守孤城近3年之久。1236年十月，蒙古大军并力攻城。虾蟆感觉城将不保，仍决意死战到底，集州中所有金银铜铁，杂铸为炮，用以反击蒙古军，又杀牛马慰劳战士，烧毁自己的房子和积蓄，以示必死的决心，称："别留下来给蒙古军。"日夜血战，拼死抵抗。蒙古军也无法很快攻破城池。军士死伤越来越多，眼看城破在即。虾蟆命人堆积柴草在州官署，召集家人和城中将校的妻女，关在一间屋里，准备亲自焚之。虾蟆的一个小妾想要申辩，马上被虾蟆斩杀。火越烧越大，虾蟆率领将士在大火前面拉满弓等待蒙古军攻到。城被攻破，蒙古兵蜂拥而至，士卒中有弹矢尽绝的，就挺身跳入火中。虾蟆站到大草堆上，以门板掩护，射出二三百箭，百发百中，箭射完了，就把弓和箭扔到火中，自焚而死。城中无人投降。

郭虾蟆死时45岁。当地人立祠祭奠他。今靖远县城隍庙故址即为此祠昔日所在，城隍老爷乃郭虾蟆其人。

在强敌面前，中原的汉、女真等民族为保卫家园，都进行过殊死抵抗，最终迫使蒙古军反思自己的军事行为，逐渐改变历来野蛮的屠城、变耕地为牧场等政策，以适应中原地区的形势。后来元攻南宋时，破坏即比中原地区小得多。从这一点来说，郭虾蟆为金国120年历史画上一个惨烈句号的守城之战，可谓意义深远。

● 木雕加彩菩萨立像·金

自食恶果的崔立

❖ 时间：1232~1234

国运昌盛之时，政体完备，有能有德的人被选拔出来，掌握国家的命脉，奸佞之徒无所用其技；国势衰退后，英才凋零，奸邪凶残之人就有机会窃取高位，祸国殃民，进而加速一个国家的灭亡。金国末期，以市井无赖混至京城防御主帅的崔立，凭借手握重兵之机作乱，窃据高位，并拱手将汴京献给了蒙古军。

🎵 崔立叛国

崔立，将陵（今山东德州）人，年轻的时候很穷，而且行为无赖，曾经靠给寺庙里的僧人背钹和鼓为生。后来在兵荒马乱之际入伍，跟随上党公张开，先后被提拔为都统、提控，直至遥领太原知府。这些职位都是空有头衔，并没有实际上任。正大初年，崔立请求入朝为官，被驳回。从此，常常以未能官居三品为恨事。

汴京被围时，崔立带兵参与防守，被授予安平都尉。天兴元年（1232）冬十二月，哀宗逃往归德之前，授予崔立西面元帅之职。崔立为人，淫逸狡猾，常常有作乱的念头。崔立暗中豢养了药安国等人，积蓄实力，并把家搬到西城，准备作乱失败就带家逃走。药安国是管州（今河南郑州）人，20多岁，有勇力。曾经为岚州招抚使，因犯罪被关押在开封的牢里，出来后，穷得吃不上

饭。崔立打算作乱，便私下接纳他。安国很能吃，崔立就每天给他大鱼大肉，于是一起谋反。崔立每天都和都尉扬善前往朝中窥探动静，一切布置妥当后，他借吃早饭的机会，先杀了扬善。

天兴二年（1233）正月，崔立带领着200名披甲的士兵，闯入朝中。留守汴京的参知政事兼枢密使完颜申奴和副枢密使完颜斜捻阿不（是为"二相"），听到外面兵变，赶紧出来察看。崔立拔剑问道："京城被围，处境困难，随时有覆没的危险，你们两个打算怎么办？""二相"说："有事好商量。"崔立根本不听，指挥他的党羽杀掉"二相"和其他许多朝臣。随即告示百姓称："我看'二相'只是闭门商议，迟迟没有守城的方略，今天我杀了他们，算是为一城的生灵请命。"大家都拍手称快。

崔立到朝中，聚集百官商议推立一

个人来主持汴京。崔立说："卫绍王的太子从恪，他的妹妹和亲到蒙古，可由他来主持汴京事务。"于是派遣他的党羽韩铎，以太后的命令，前去召从恪，又以太后的诰命，封从恪为梁王监国。接着又以监国的名义，把"二相"所佩的虎符送到蒙古军的统帅处，表示投降。崔立于是一手把持了汴京的军政大权。他自称太师、军马都元帅、尚书令、郑王，出入都乘车，称自己的妻子为王妃，并大封亲信。

祸乱汴京

崔立叛国时，虽然靠药安国的勇力成事，但是后来起了猜忌。他听说药安国纳了一个都尉的夫人后，就以违约的罪名杀了他。

蒙古大军到达青城时，崔立穿着御衣，带着仪仗队去拜见。蒙军统帅大喜，与崔立一起喝酒议事。崔立以对父亲的礼节对待他。酒食过后，崔立回城，悉数烧毁京城的防御设施。看到火起，蒙古军大喜，确信汴京城真的投降了。崔立在汴京城大肆为祸，百姓和官员都惨遭荼毒。他甚至将很多官员的妻女集中起来，每天选几个供自己淫乱。人人都私下议论："当初蒙古军攻城之后的七八日之中，汴京城瘟疫流行，死掉的人数百万之多，我们为什么不在那个时候死掉，偏要遭受现在这样的不幸。"

崔立还劝太后写信，陈说天时人事，派哀宗的乳母去归德招降。当时好事之徒都劝崔立自立为帝。

自食其果

天兴二年（1233）四月壬辰日，崔立驱使太后和皇后、梁王、荆王及其他皇室，还有医生、工匠等500余人，前赴青城。甲午日正式北行时，崔立的妻子王氏以仪仗队恭送两宫到开阳门。蒙古军入城时，崔立在城外迎接。蒙古军先到他家，将他的妻妾连同金银珠宝一掠而空。崔立回家后大哭一场，也于事无补。

崔立的一个下属李琦，山西人，是军中

● 白玉花鸟佩·金

佩作椭圆形，正面略呈弧形凹面，镂雕成多层荷叶和水草纹。中间两片硕大的荷叶脉理清晰，叶中心各雕一龟，琢双阴刻线为龟背纹。造型新奇生动，镂雕精细，是金代玉制品中的代表作。

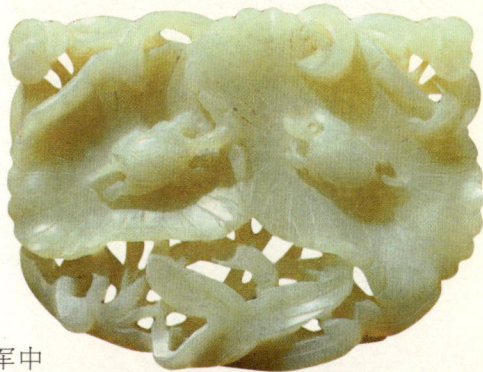

● 带饰·金

出土于黑龙江阿城半拉城子的一座金代墓中。全部带饰以金片模压而成，上饰宝相花纹，式样有圆形、长方形及半月形等。在圆形金铐的下部，还饰有一个扁环，可视为由蹀躞向金带过渡的一种带饰。

的都尉，在汴京依附崔立的妹夫折希颜。他的妻子20多岁，长相貌美。有人对崔立说，李琦的妻子很有姿色，崔立当即心生邪念。李琦屡次看到崔立想夺人妻的时候，一定会派其丈夫远行。于是每次崔立派他出京时，他都将妻子带在身边。这样多次后，崔立大怒，想除掉李琦。李琦于是联络李伯渊等人，合谋对付崔立。

天兴三年（1234）六月甲午日，谣传附近出现宋军。伯渊等人假装和崔立商量对付的办法。第二天晚上，伯渊等人烧掉开封的外封丘门，以此让崔立确信宋军来了。到了天亮，伯渊等请崔立去查看火情。崔立带着苑秀、折希颜等几个人骑马前往，晓谕京城民众，15岁以上、70岁以下的男子，全部到太庙街点名集合。回来时，走到梳行街，伯渊要求送崔立回二王府，崔立推辞了好几次，伯渊一定要亲自送。在崔立动疑时，伯渊仓促中在马上抱住崔立。崔立看着伯渊说："你想杀我吗？"伯渊曰："杀你有何不可？"当即拔出匕首，横刺过去，洞穿自己抱着崔立的手臂后，刺中崔立，又补一刀，崔立掉下马来。伏兵此时亦一拥而起，杀掉了崔立余党。

伯渊把崔立的尸体绑在马后，拖着游街，说："崔立杀害无辜，劫夺人妻，贪淫暴虐，大逆不道，古今无有，该不该杀？"大家齐声回答："千刀万剐都算便宜他了。"于是割下崔立的头，向着承天门祭奠哀宗。军民全部大哭，痛惜金国的灭亡。崔立、苑秀和折希颜三人的尸体被挂在宫门前的一棵槐树上，树枝难以承重，突然折断。人们纷纷说树有灵性，厌恶被这样的恶人玷污。不久，有人告发崔立藏匿皇宫中的珍宝，于是崔家立即被抄掠一空。

才子元好问

❀时间：1190～1257

清人赵翼曾言："唐以来，律诗之可歌可泣者，少陵十数联外，绝无嗣响，遗山则往往有之。"少陵指的是诗圣杜甫，遗山就是金元间的元好问。元好问一生坎坷，国破家亡的经历，使他的诗沉挚悲凉，颇具杜诗遗风。

坎坷少年

元好问（1190～1257）生于太原秀容（今山西忻州）。元好问的父亲元德明屡试不第，在家教书，著有《东岩集》。元好问自幼过继给叔父元格为子，元格曾做过陇城县令，视元好问如己出，悉心教导。元好问七岁能诗，时人视其为神童，后从宿儒为师，博通经史。礼部侍郎赵秉文读了元好问的《琴台》等诗后，叹道"近代无此作也"。于是元好问名震京师，人称"元才子"。

1214年三月，蒙古军占领金国忻县城，大肆屠城，杀死十万多人，元好问的兄长好古也死于其中。两年后，蒙古军包围太原，元好问携老母仓皇逃往河南，饱尝颠沛流离之苦。金宣宗兴定五年（1221），元好问科举登第，但因政治纷争而未被选官，时年32岁。其后迁居洛阳居十年左右，创作了不少诗文。

金哀宗正大元年（1224），元好问

中博学宏词科，授儒林郎、权国史编修郎，住汴京（今开封）。正大三年（1226），外放任镇平县（今河南镇平）令。但到任不久，就离职了。正大四年，出任内乡（今属河南）令。第二年因母亲去世而守孝，在该县的白鹿原居住了三年。正大八年（1231），又出任南阳（今属河南）令。几个月后，移家汴京，出任尚书省令史。

金哀宗天兴元年（1232），蒙古军兵临汴京城下，城内疫病肆虐，守军平民死者上百万，元好问在城内凄惨度日，过着"围城十月鬼为邻"的生活。同年十二月，金哀宗南逃。次年，守将崔立开城乞降，元好问被委以"左右司郎中"的职务。元好问上书耶律楚材，得保金文人54人。不久金亡，元好问被关押在山东聊城。两年后，被转押到冠城（今山东冠县），后管制放松，山东文人皆来拜访，他在此期间创作了许多诗歌作品。

🌀 布衣才子

元太宗十年（1238），元好问结束了被关押的生活，回到自己的故乡秀容，闭门读书，过起了遗民生活。他在家乡建起"野史亭"，立志编纂金史。经过20年的努力，终于撰成《中州集》和《壬辰杂编》两书，书中记有大量的金国史料，元人所修《金史》，许多材料都取材于这两部书。在此期间，元好问还创作了大量诗文。

元宪宗二年（1252），元好问为改善儒生的处境，北上求见忽必烈，请他做儒学大宗师，并请求免除儒生的赋役，忽必烈答应了元好问的请求。宪宗七年（1257），元好问死于游学中，时年68岁。元好问著有《遗山集》等传世。有诗1360首，词377首，散曲若干。元好问不仅诗写得好，对诗歌的鉴赏也有独到的见解，在《论诗绝句三十首》中，元好问以他的诗笔对诗坛前贤一一做出评价，表明了自己的文学主张。

他称许陶渊明的淳朴自然："一语天然万古新，豪华落尽见真淳。南窗白日羲皇上，未害渊明是晋人。"

他激赏《敕勒歌》的豪迈："慷慨歌谣绝不传，穹庐一曲本天然。中州万古英雄气，也到阴山敕勒川。"

他强调创作须源于生活："眼处心生句自神，暗中摸索总非真。画图临出秦川景，亲到长安有几人。"

他指出为人与为文不可一概而论："心画心声总失真，文章仍复见为人。高情千古闲居赋，争信安仁拜路尘！"

诗中的安仁指晋代文人潘岳，他的《闲居赋》写得格调高雅，但为人却毫无骨气，谄事权贵贾谧，每逢其出，则望尘而拜。元好问对他的鞭挞令人拍案叫绝。

然而，综观元好问的一生，虽然他吟诗作文，控诉战争的残酷，仰慕陶渊明的清高，但也曾为降元叛将崔立撰写碑文，歌功颂德，遭到世人的非议。他曾写道："百年世事兼身事，樽酒何人与细论。"连自己也感到有口难辩。

这真是"老来留得诗千首，却被何人校短长？"

● 墨玉镂雕春水纹炉顶·金

帝王世系表

公元907年~公元1125年

辽

庙号	帝王原名	年号	公元
太祖	耶律阿保机	一 神册 天赞 天显	907~916 916~922 922~926 926~927
太宗	耶律德光	天显 会同 大同	927~938 938~947 947~947
世宗	耶律阮	天禄	947~951
穆宗	耶律璟	应历	951~969
景宗	耶律贤	保宁 乾亨	969~979 979~982
圣宗	耶律隆绪	统和 开泰 太平	983~1012 1012~1021 1021~1031
兴宗	耶律宗真	景福 重熙	1031~1032 1032~1055
道宗	耶律洪基	清宁 咸雍 大（太）康 大安 寿昌（隆）	1055~1065 1065~1075 1075~1085 1085~1095 1095~1101
天祚帝	耶律延禧	乾统 天庆 保大	1101~1111 1111~1121 1121~1125

西夏

1032～1227

庙号	帝王原名	年号	公元
景宗	李元昊	明（显）道 开运 广运 大庆 天授礼法延祚	1032～1034 1034～1034 1034～1036 1036～1038 1038～1048
毅宗	李谅祚	延嗣宁国 天祐垂圣 福圣承道 奲都 拱化	1049～1050 1050～1053 1053～1057 1057～1063 1063～1068
惠宗	李秉常	乾道 天赐礼圣国庆 大安 天安礼定	1068～1070 1070～1075 1075～1086 1086～1086
崇宗	李乾顺	天仪治平 天祐民安 永安 贞观 雍宁 元德 正德 大德	1086～1090 1090～1098 1098～1101 1101～1114 1114～1119 1119～1127 1127～1135 1135～1140
仁宗	李仁孝	大庆 人庆 天盛 乾祐	1140～1144 1144～1149 1149～1170 1170～1194
桓宗	李纯祐	天庆	1194～1206
襄宗	李安全	应天 皇建	1206～1210 1210～1211
神宗	李遵顼	光定	1211～1223
献宗	李德旺	乾定	1223～1226
末帝	李睍	宝义	1226～1227

庙号	帝王原名	年号	公元
太祖	完颜阿骨打	收国 天辅	1115～1117 1117～1123
太宗	完颜晟	天会	1123～1138
熙宗	完颜亶	天眷 皇统	1138～1141 1141～1149
海陵王	完颜亮	天德 贞元 正隆	1149～1153 1153～1156 1156～1161
世宗	完颜雍	大定	1161～1190
章宗	完颜璟	明昌 承安 泰和	1190～1196 1196～1201 1201～1208
卫绍王	完颜永济	大安 崇庆 至宁	1209～1212 1212～1213 1213～1213
宣宗	完颜珣	贞祐 兴定 元光	1213～1217 1217～1222 1222～1224
哀宗	完颜守绪	正大 开兴 天兴	1224～1232 1232～1232 1232～1234

金

1115～1234

辽 西夏 金的故事

◎ **特邀编审**： 王方宪　王瑞祥　徐松巍

◎ **特邀审读**： 宋德金

◎ **文图编辑**： 陈丽辉

◎ **文稿撰写**： 陈　栩　陈　宇　程栋良　崔晓军

冯文丹　胡伟达　邝向雄　李明奎

李小龙　刘　智　覃　睿　王　歆

王　尧　邢　晔　药　强　张　玮

张文静（排名不分先后）

◎ **美术编辑**： 刘晓东

◎ **封面设计**： 垠　子

◎ **版式设计**： 阮剑锋

◎ **图片提供**： 王　露　郝勤建

湖北省博物馆

Fotoe.com